DELIUS KLASING

Lass uns segeln!

Segelpraxis für Kids

Delius Klasing Verlag

Dank an

Laser UK, Topper, RS Sailboats, Lucy von Offshore Challenges, James Crickmere und seine Segelfreunde.

Die englische Originalausgabe mit dem Titel
»GO SAILING! A practical handbook for young people«
erschien bei The Royal Yachting Association, Southampton.

Bibliografische Information der Deutschen Nationalbibliothek
Die Deutsche Nationalbibliothek verzeichnet diese Publikation in der Deutschen Nationalbibliografie; detaillierte bibliografische Daten sind im Internet über http://dnb.d-nb.de abrufbar.

1. Auflage
ISBN 978-3-7688-1979-4
Die Rechte für die deutsche Ausgabe liegen beim Verlag
Delius, Klasing & Co. KG, Bielefeld

Übersetzung aus dem Englischen und deutsche Bearbeitung: Birgit Radebold
Text und Illustrationen: Claudia Myatt
Herausgeber: Sally Kirkpatrick, David Ritchie
Layout: Creative Byte
Umschlaggestaltung: Gabriele Engel
Druck: Westermann Druck, Zwickau
Satz: Fotosatz Habeck, Hiddenhausen
Printed in Germany 2007

Delius Klasing Verlag, Siekerwall 21, D - 33602 Bielefeld
Tel.: 0521/559-0, Fax: 0521/559-115
E-Mail: info@delius-klasing.de
www.delius-klasing.de

Vorwort

Ich segle, seit ich denken kann. Vom ersten Moment an, den ich auf dem Wasser war, liebe ich jede Sekunde davon, es gibt kein besseres Gefühl auf Erden.

Ich hoffe, dieses Buch wird dir helfen, die Zusammenhänge des Segelns ein bisschen besser zu verstehen. Wer weiß? Vielleicht treffen B&Q und ich dich eines Tages auf dem Wasser!

Ich hoffe, du hast ebenso viel Freude beim Lesen des Buches wie ich und wünsche dir für die Zukunft viel Glück – leg einfach los!

Ellen MacArthur
Skipper des Trimarans B&Q
www.teamellen.com

WO UND WIE BEGINNEN?

Jeder Kann segeln lernen, es ist heute einfacher denn je. Du brauchst nicht mal ein eigenes Boot. Genau genommen ist es sogar besser, vor einem überhasteten Bootskauf mit anderen Leuten – und Booten! – zu segeln. Und schon Kann's losgehen ...

Wo und wie beginnen?

WASSER. Bevor du losziehst und ein Boot kaufst, solltest du dir Gedanken darüber machen, wie und wo du eigentlich segeln willst. Es gibt so viele Möglichkeiten!

Kapitel 1

WAS IST EINE JOLLE? Viele Segler beginnen mit einer Jolle, einem einfachen Segelboot, das es in allen erdenklichen Formen und Größen gibt. Es gibt über 100 Typen, je nachdem wo und wie du segeln willst. Hier sind ein paar Vorschläge:

In Kapitel 5 erfährst du mehr über Bootstypen, was dir vielleicht die Kaufentscheidung erleichtert. Doch zunächst solltest du die Boote anderer Leute segeln ... die nächsten Seiten verraten dir, wie.

Wo und wie beginnen?

WO KANN ICH SEGELN LERNEN? Wenn du noch nie gesegelt bist, es aber gerne lernen möchtest, gibt es verschiedene Möglichkeiten, es zu probieren.

WERDE MITGLIED IN EINEM SEGELVEREIN MIT JUGENDABTEILUNG. Wenn du nicht gerade an der Küste lebst, halte Ausschau nach Segelvereinen an Seen oder Flüssen. Der Deutsche Segler-Verband (DSV) ist der Dachverband aller Segelvereine und unterhält eine Homepage: www.dsv.org

Die meisten Vereine richten regelmäßig Vereinsregatten aus, die ein gutes Training für dich und dein Boot sein können – selbst wenn du nicht Weltmeister werden willst. Du musst dein Boot nämlich auch dann richtig gut beherrschen, wenn du allein auf Entdeckungsreise gehen willst.

Kapitel 1

BESUCHE EINE SEGELSCHULE. Der DSV unterhält eine Menge Segelschulen, die dem absoluten Anfänger die Grundlagen beibringen oder dem Fortgeschrittenen Manöver lehren und Regattatipps bieten. Auch im Urlaub kann man prima segeln lernen, es gibt quasi überall, wo es Wasser gibt, Schulen und Angebote. So kannst du vielleicht in warmen, sonnigen Gefilden segeln lernen, wenn du deinen Eltern einen Urlaubsort mit Segelschule schmackhaft machen kannst.

SUCHE DIR JEMANDEN MIT ERFAHRUNG, DER DICH ALS CREW MITNIMMT – dafür musst du lediglich angemessen ausgerüstet sein. Wie genau, siehst du auf der nächsten Seite.

Wo und wie beginnen?

WELCHE AUSRÜSTUNG BRAUCHT MAN?

Wenn du mit dem Segeln beginnst, brauchst du nicht gleich einen Haufen teurer Ausrüstung zu kaufen. Schwimmhilfen, Rettungswesten, Trockenanzüge und Neoprenschuhe können meist vom Verein oder der Segelschule geliehen werden. In den Vereinen kann man manchmal auch gebrauchte Sachen kaufen. Worauf du achten musst, ist Folgendes: SICHER, WARM und wenn möglich TROCKEN bleiben!

SCHWIMMHILFEN UND RETTUNGSWESTEN

Wann immer du in der Nähe vom oder auf dem Wasser bist, ist das Tragen einer Rettungsweste oder Schwimmhilfe ganz wichtig.
Worin liegt der Unterschied? Eine Schwimmhilfe schützt eine bewusstlose Person vorm Untergehen. Die meisten Jollensegler tragen solche Schwimmhilfen – sofern sie selbst gut schwimmen können.
Eine Rettungsweste hält bei einer bewusstlosen Person das Gesicht über Wasser, dreht die Person im Wasser also automatisch auf den Rücken.
Aber egal, ob du eine Schwimmhilfe oder Rettungsweste ausleihst: Sie muss dir unbedingt richtig passen!

WARM BLEIBEN

Warm zu bleiben ist außerordentlich wichtig. Eigentlich ist es auf dem Wasser immer kälter als an Land. Am besten nimmst du deshalb immer Extrakleidung mit an Bord.

Moderne Materialien wie Fleece oder Thermostoffe sind leicht und zugleich warm. Vermeide Kleidung, die sperrig und schwer ist!

Der Schlüssel zum Warmbleiben ist natürlich, trocken zu bleiben oder zumindest warm zu bleiben, obwohl man nass geworden ist. Tipps dazu auf der nächsten Seite.

Gummistiefel sind übrigens auf einer Jolle nicht unbedingt die beste Wahl. Wenn du kenterst, können sie sich mit Wasser füllen und dich in die Tiefe ziehen.

Kapitel 1

TROCKEN BLEIBEN. – Ja, du wirst nass werden! Du wirst die richtige Ausrüstung brauchen, um ein Auskühlen zu vermeiden und nicht schnell die Nase vom Segeln voll zu haben.

Wenn dein Boot nass segelt, ist ein Trockenanzug das Richtige für dich: Er wird dich warmhalten, auch wenn du nass wirst.

Ein Trockenanzug funktioniert, indem er eine hauchdünne Schicht Wasser zwischen deine Haut und das Neopren lässt. Deine Körperwärme erhitzt das Wasser, das dich dann warmhält.

Auf komfortableren Booten sind warme Kleidung sowie Regenzeug ausreichend. Beides wird dich vorm Auskühlen durch Wind und Wellen schützen.

In einem größeren Boot ist immer Platz für eine Tasche mit Extrakleidung.

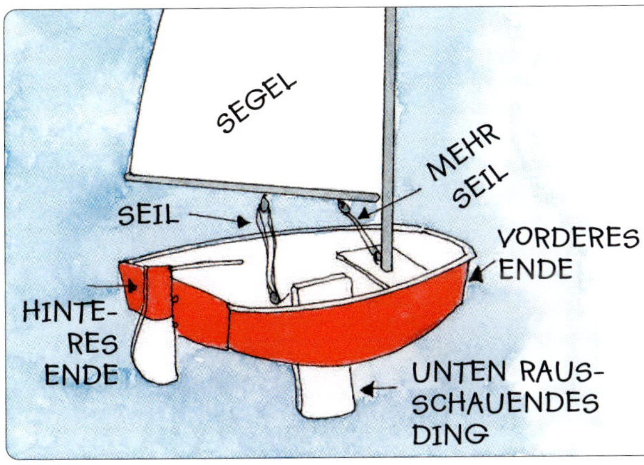

WIE LERNE ICH ALL DIE SEILE KENNEN?

Besonders am Anfang sind die Begriffe, mit denen Segler gern um sich werfen, verwirrend. Lass dich nicht abschrecken, Boote sind heute viel einfacher als vor hundert Jahren! Dieses Kapitel erläutert, wie die einzelnen Teile eines Bootes bezeichnet werden und wie sie zusammengehören.

Seglersprache

SEGLER HABEN EINE EIGENE SPRACHE – nicht etwa, um die Landratten zu verwirren, sondern weil es praktisch ist. Diese Begriffe solltest du dir für den Anfang merken:

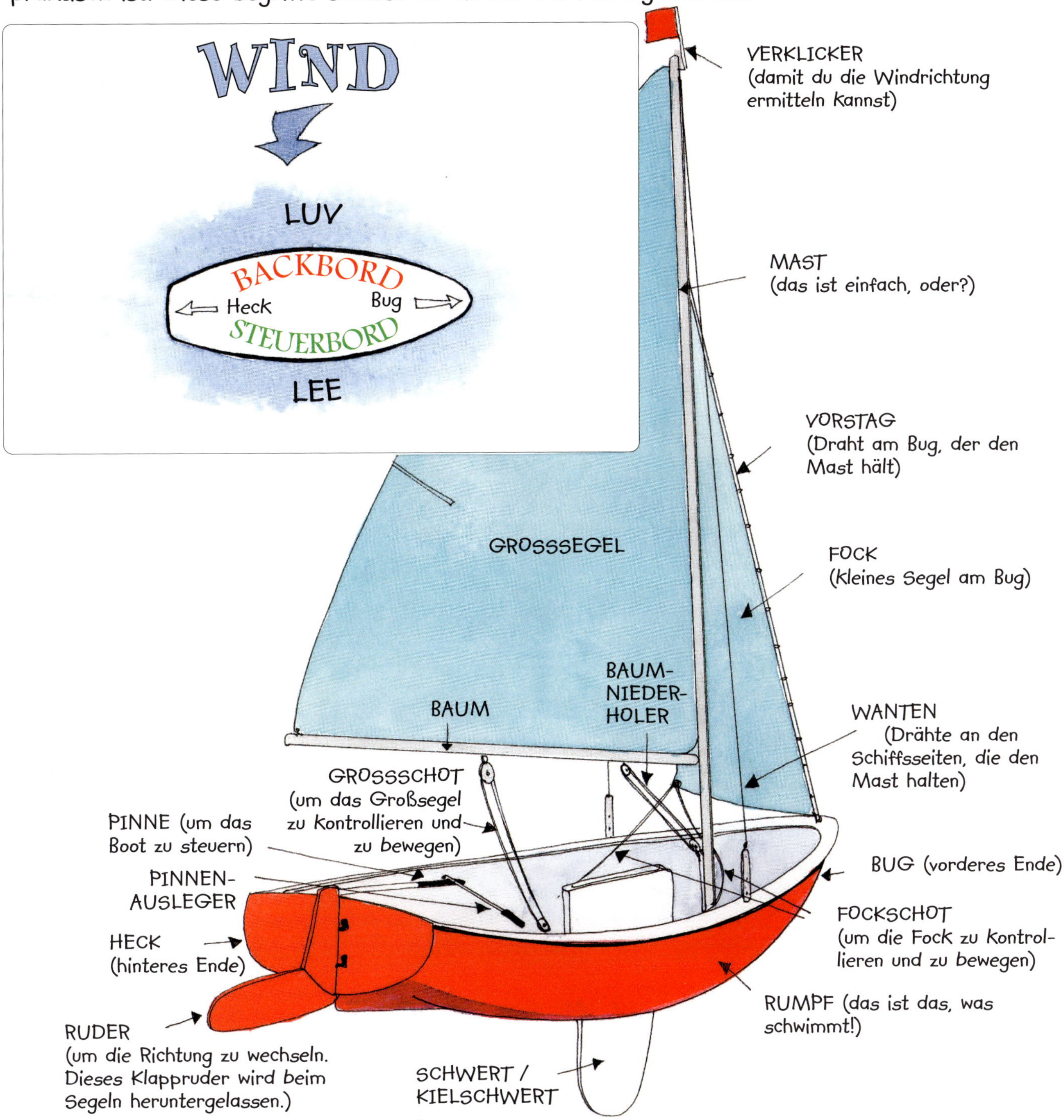

Wo ist der Unterschied?
Ein Schwert kann in seinem Schwertkasten aufgeholt oder heruntergelassen, sogar komplett entfernt werden. Wird bei kleinen Jollen verwendet.

Ein Kielschwert ist fest mit dem Boot verbunden, kann aber teilweise ebenfalls aufgeholt werden.

Nimm das rote Seil und fädele es unten in den Plastikhalter …

Kapitel 2

WANN IST EIN SEIL NICHT MEHR EINFACH NUR EIN SEIL? Wenn es Teil des Bootes ist! Jedes Seil – richtig heißt es Tau – an Bord eines Schiffes hat einen bestimmten Namen, der seine Funktion angibt. Dies sind die wohl Wichtigsten:

FESTMACHER Die meisten Jollen haben lediglich eine Vorleine am Bug. Eine Heckleine kann manchmal aber ebenfalls nützlich sein.

SCHOTEN
Diese Taue benötigt man, um die Segel auf den Wind einzustellen.
Das Großsegel hat eine Schot ...

... und die Fock hat zwei, eine für jede Seite.

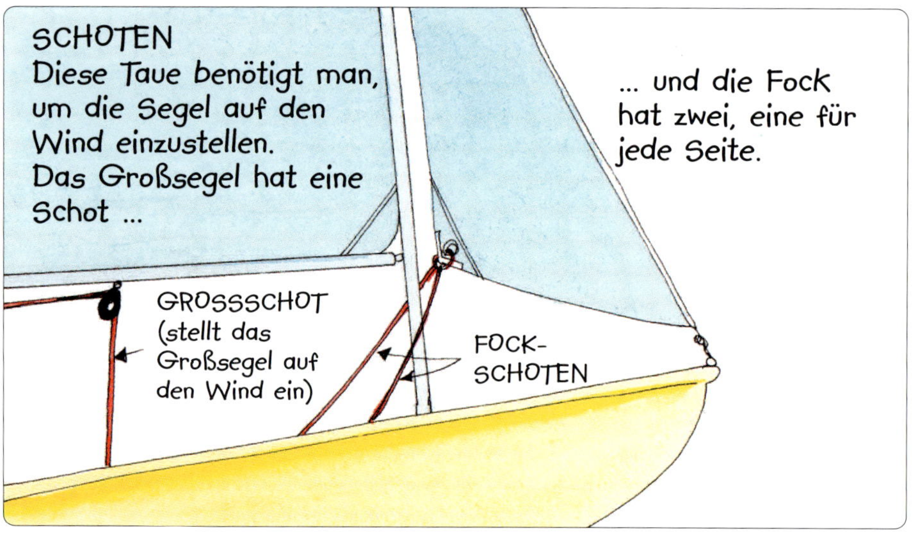

FALLEN
Ein Fall benötigt man, um ein Segel zu setzen oder zu bergen. Mit dem Fockfall setzt man die Fock, mit dem Großfall das Großsegel.

WIE MAN TAUE FIXIERT
Es gibt Klampen und Klemmen, um ein Tau festzuhalten, damit du es nicht die ganze Zeit tun musst.

KLAMPE
- sehr sicher -

- super für Festmacher und Fallen

CURRYKLEMME – schnell und einfach, gut für Schoten

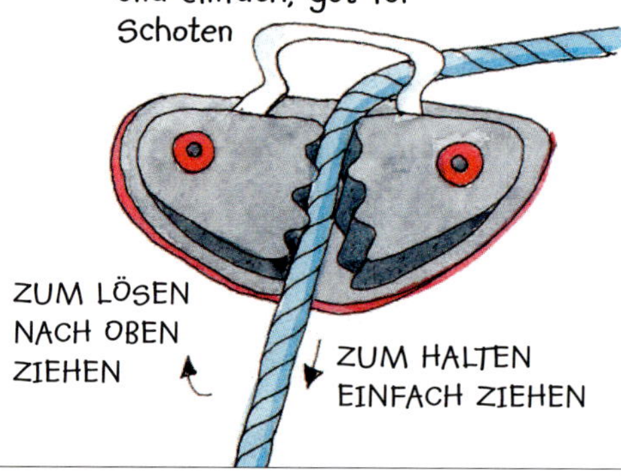

KAMMKLEMME – schnell und einfach, gut für Fallen

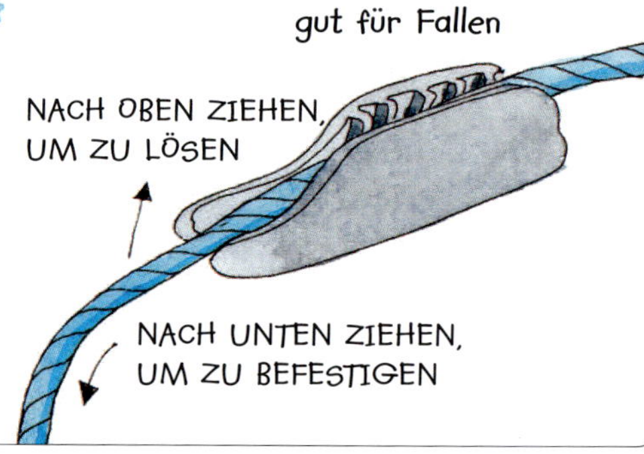

Es gibt noch jede Menge weiteres Tauwerk an Bord – manche Boote sind komplizierter ausgerüstet als andere. Lass dich davon im Moment nicht verwirren ...

Seglersprache

:TWAS ÜBER DIE SEGEL. Die meisten ollensegel sind dreieckig, und jede Seite les Segels hat einen bestimmten Namen.

)ie Kombination aus Mast und Segeln ildet das Rigg. Verschiedene Bootstypen aben unterschiedliche Riggs – natürlich nusst du die Namen nicht jetzt alle lernen es sei denn, du willst deine Familie eeindrucken), aber ein bisschen solltest lu schon wissen.

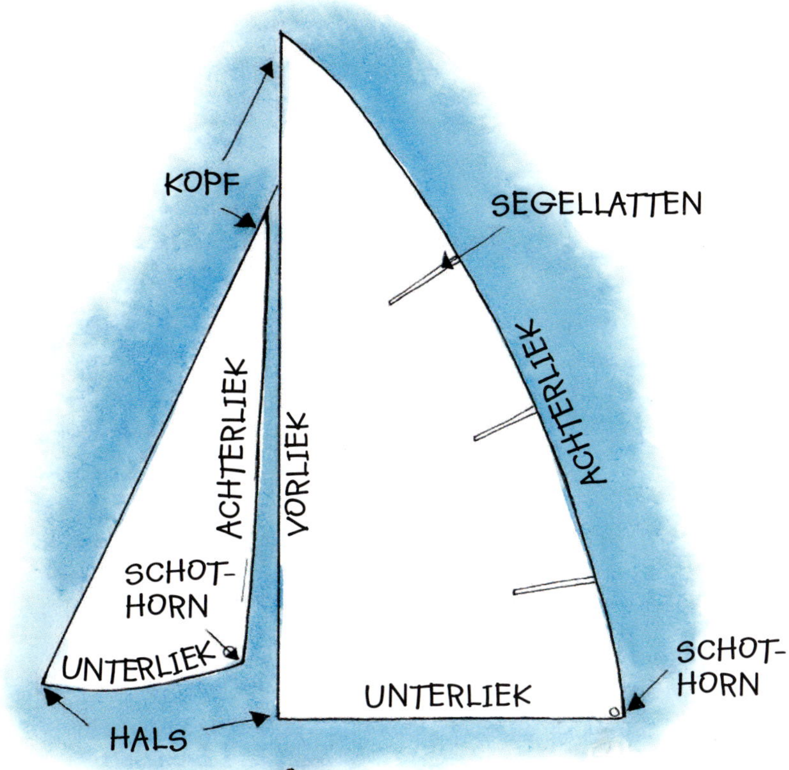

BERMUDARIGG
Das häufigste Rigg, wird auf den meisten modernen Jollen gefahren.

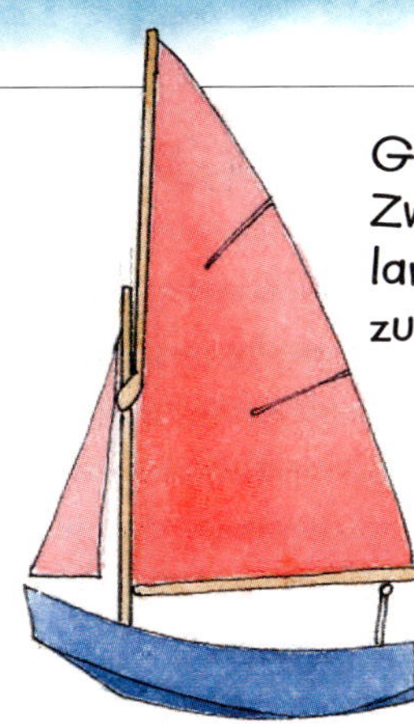

GUNTERRIGG
Zwei Spieren statt eines langen Mastes – einfach zu bedienen.

SPRIETRIGG
Kurzer Mast, ideal für Kinder.

LUGGERRIGG
Ein Teil des Segels ist an einer separaten Spiere befestigt. Kann auch mit Fock gefahren werden.

GAFFELRIGG
Ein traditionelles Rigg, wird zumeist auf alten, größeren Jollen gefahren.

Kapitel 2

FERTIGMACHEN ZUM ZU-WASSER-LASSEN ist schneller mit AUFRIGGEN beschrieben, und das kann meistens schon an Land erledigt werden, wenn das Boot auf einem Trailer steht. Das Wichtigste dabei: Das Boot muss genau zum Wind zeigen, bevor ein Segel hochgezogen wird!

EINMANNJOLLE

Auf einigen kleinen Jollen wird das Großsegel über den Mast gezogen, bevor dieser gestellt wird.

Sobald der Mast gestellt ist, muss das Schothorn mit dem Baum verbunden werden.

Ruder und Schwert sind fixiert, das Ruderblatt ist aufgeholt.

Baumniederholer und Großschot bleiben gelöst.

Ein kleines Boot wie dieses ist schnell und einfach aufzuriggen. Der Mast wird einfach in seine Befestigung gesteckt, sodass nicht mal Wanten benötigt werden.

ACHTUNG! Pass auf, dass der Mast nirgendwo gegenschlägt, wenn du die Jolle auf dem Trailer hast. Am besten nimmst du den Trailergriff und schiebst das Boot vor dir her, dann hast du immer alles gut im Blick.

FAHRTENJOLLE

Zunächst die Fock setzen und die Schot lose lassen. Dann das Großsegel zum Setzen vorbereiten. Meist ist es besser, das Großsegel erst auf dem Wasser zu setzen.

Ruder und Pinne einsetzen, Ruderblatt aufgeholt.

In einer größeren Jolle ist genug Platz, um ein paar Dinge mitzunehmen …

WASSERDICHTER SACK

ÖSFASS

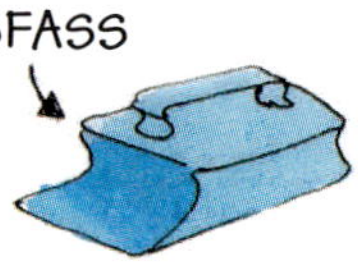

PADDEL UND RUDERDOLLEN

LIPPEN. Ist das Boot aufgeriggt und fertig? Dann musst du zunächst auf den Wind achten: Woher ommt er? Wenn du dir Flaggen oder Segel ansiehst, wirst du es schnell herausfinden. Den Wind zu eobachten, ist für einen Segler ebenso wichtig, wie auf sein Boot zu achten. Beim Slippen musst du eachten, ob der Wind vom Wasser zum Land weht (auflandiger Wind) oder umgekehrt, vom Land zum Vasser (ablandiger Wind), weil das Einfluss auf die Technik des Slippens hat. Im siebten Kapitel rfährst du mehr über den Wind und seine Richtungen.

VOM STEG AUS STARTEN. Wenn dein Boot bereits im Wasser liegt, scheint alles einfacher, oder? Immerhin kannst du an Bord gehen, ohne dabei nasse Füße zu bekommen. Zumindest, wenn du ein bisschen aufpasst ...

SEGELSETZEN AM STEG
Wenn du die Wahl hast, lege dein Boot in Lee des Steges. So kannst du die Segel leichter setzen, und auch das Ablegen wird vom Wind unterstützt.

SOLLTEST DU IN EINEM GEWÄSSER MIT STRÖMUNG SEGELN UND DIE STRÖMUNG GEGEN DEN WIND STEHEN, IST ALLES ETWAS KOMPLIZIERTER: MEHR DARÜBER IM SIEBTEN KAPITEL!

WIE ALLES FUNKTIONIERT

Egal, ob du auf einem Tümpel dümpelst oder einen Ozean überqueren möchtest: Am Anfang steht ein bisschen Segeltheorie. Besonders zu Beginn scheint es verwirrend viel zu geben, woran du denken musst, aber das wird sich sehr schnell geben und vieles für dich selbstverständlich werden. Dieses Kapitel soll dir helfen, die Zusammenhänge besser zu verstehen.

Wie alles funktioniert

STEUERN. Einem Boot die Richtung vorzugeben, heißt Steuern und der Mann oder die Frau an der Pinne dementsprechend STEUERMANN (auch, wenn es eine Frau ist!). Gesteuert wird, indem man die Pinne zu sich heranzieht oder von sich wegdrückt. Das Boot bewegt sich dann jeweils in die andere Richtung, als die Pinne zeigt – ungewohnt am Anfang, aber du wirst den Trick schnell heraushaben. Und so funktioniert es:

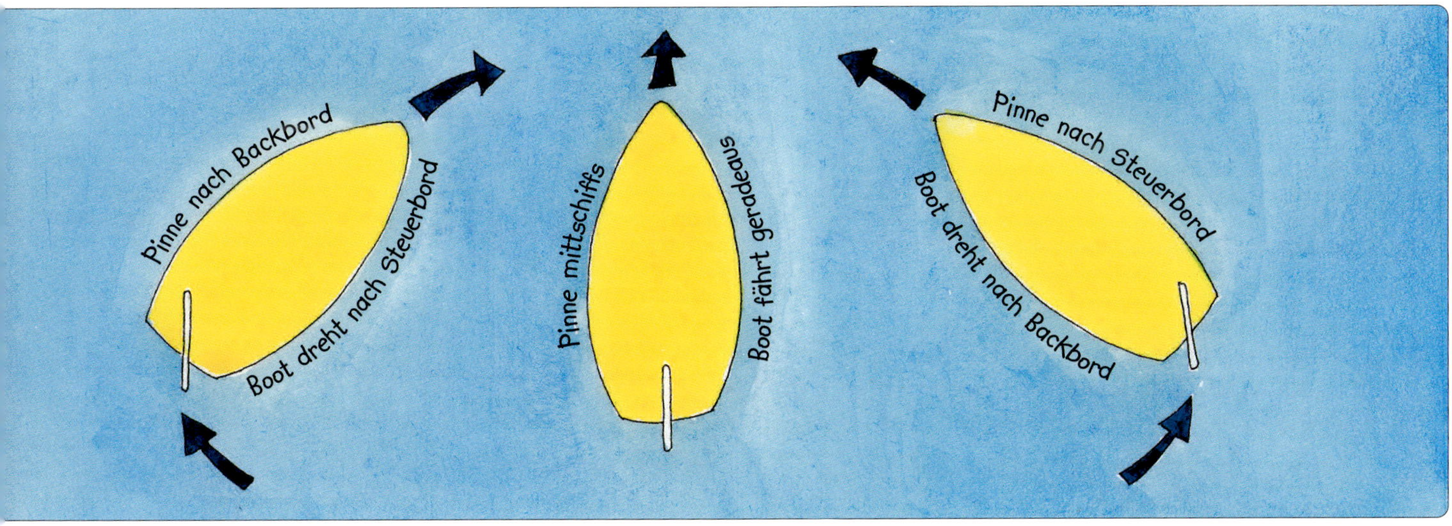

WO MAN SITZT
Der Steuermann sitzt am besten auf der Luvseite des Bootes, also gegenüber dem Segel, dicht am Heck mit der Pinne oder dem Pinnenausleger in der einen Hand. Die Großschot hält er in der anderen Hand (so kann er immer sehen, ob das Segel gut mit Wind gefüllt ist).

Die meisten Jollen haben einen Pinnenausleger, der das Steuern erleichtert. Wie du ihn einsetzt, hängt davon ab, wo die Großschot in deinem Boot läuft: in der Mitte oder über einen Block am Ende des Baumes (Baumnock) zum Heck des Schiffes.
Probier je nach Boot aus, wie du am besten sitzt und die Pinne im Griff hast. Im Wesentlichen gibt es diese Varianten:

DER WIND

Wind ist der unsichtbare Treibstoff, der Segeln so spannend macht. Ihn auszunutzen, um dein Boot genau dorthin zu bringen, wo du es haben möchtest, macht einfach Spaß. Zunächst musst du dir immer ansehen, woher der Wind kommt – vor allem im Verhältnis zu deinem Boot. Später wirst du das beinahe automatisch spüren. Aber vergiss nie: Der Wind kann auch blitzschnell seine Richtung ändern!

Diese Seiten zeigen dir die Kurse, die du segeln kannst. Natürlich hat auch hier wieder jeder Kurs seinen eigenen Namen, die du leider wieder lernen musst.

HART AM WIND
Höher am Wind kann man nicht segeln. Die Segel werden ganz dicht geholt.

AM WIND Nicht so schwierig. Die Segel können ein klein wenig offener gefahren werden.

HALBWIND
Der schnellste und einfachste Kurs, der Wind kommt genau von der Seite. Die Segel stehen halb offen.

RAUMSCHOTS
Der Wind kommt etwas achterlicher als halbwinds. Die Schoten können noch ein bisschen gefiert werden.

VORWINDKURS
Der Wind kommt etwas seitlicher als direkt von achtern – leichter zu steuern, als reiner Vorwindkurs.

DIREKTER VORWINDKURS Der Wind kommt genau von achtern, die Segel könn[en] auf jeder beliebigen Seite gefahren werden, die Schoten ganz geöffnet.

Manchmal hilft es, sich vorzustellen, in der Mitte eines Kuchens zu segeln, bei dem ein großes Stück fehlt. Das fehlende Stück zeigt zum Wind und ist der Bereich, in dem du nicht segeln kannst.

WINDSTÄRKE

Ist genauso wichtig wie die Windrichtung. Bei zu viel Wind – aber auch bei zu wenig – kannst du schnell in Schwierigkeiten geraten. Ein erfahrener Segler kann mehr Wind ab als ein Anfänger. Im siebten Kapitel erfährst du mehr über Wind und Wetterberichte.

GEGEN DEN WIND FAHREN. Eigentlich kann man in jede Richtung segeln, nur nicht direkt gegen den Wind. Wenn das Ziel aber genau im Wind liegt, muss man einen Zickzackkurs steuern, immer hart am Wind. Man kreuzt gegen den Wind, wobei der Winkel, in dem man nicht segeln kann, circa 90° beträgt.

SEGELTRIMM. Wann immer du die Richtung wechselst, musst du die Segelstellung anpassen. Entweder holst du die Segel dichter (beim Anluven) oder du fierst die Schoten auf (beim Abfallen).
Woher weiß man aber nun, wann die Segel am besten stehen? Am einfachsten ist es, die Schot dichtzuholen, bis das Segel eben nicht mehr flattert.

Der direkte Vorwindkurs ist schwer zu steuern. Stellt man Vor- und Großsegel auf je eine Seite, nennt man das Schmetterlingsegeln.

BACKBORD- ODER STEUERBORDBUG?

Welche Boote segeln auf dem großen Bild auf Steuerbordbug, welche auf Backbordbug?

WIND BEOBACHTEN ...
... kannst du auch an Land, eigentlich jederzeit. Überlege dir, woher der Wind kommt und in welchem Bereich du im Wind stehen würdest.

Aber vielleicht solltest du nicht gerade auf der Hauptstraße das Kreuzen üben!

WENDEN oder DURCH DEN WIND GEHEN *bedeutet*, die Richtung zu ändern, indem man den Bug des Schiffes durch den Wind dreht. Egal wie die Schot des Großsegels geführt wird, das Manöver ist das Gleiche. Und *so* geht's:

Zuerst musst du gucken, ob du genug Platz hast. Der Steuermann fragt »Klar zur Wende?«, um die Crew auf das Manöver vorzubereiten. Die Crew beobachtet das Wasser und andere Boote, klariert die Fockschoten und antwortet »Ist klar!«. Wird die Großschot achtern gefahren, wechselt der Steuermann die Hände von Pinnenausleger und Großschot, ruft »Ree!« und beginnt die Wende, indem er die Pinne von sich weg und zum Segel drückt.

Wenn der Baum beinahe mittschiffs steht, wechselt der Steuermann seine Sitzposition im Schiff auf die andere Seite, wobei er möglichst immer nach vorne sehen sollte. Die Crew nimmt die neue Fockschot und wechselt ebenfalls die Seite. Der Steuermann dreht den Pinnenausleger um das Ende der Pinne.

Wenn das Schiff auf dem neuen Bug liegt, setzt sich der Steuermann wieder hin und holt die Pinne mittschiffs, sobald das Boot wieder Fahrt aufgenommen hat und das Großsegel gut steht. Wird die Großschot mittschiffs geführt, muss der Steuermann hinter seinem Rücken die Hände vertauschen (siehe »Tricks und Kniffe« auf der nächsten Seite).

Achte darauf, dass du genug Geschwindigkeit hast, um nicht im Wind stehen zu bleiben.

Das Schwert sollte bei Am-Wind-Kursen und beim Wenden immer unten sein!

Wie alles funktioniert

TRICKS UND KNIFFE ... Dinge, die Anfänger beim Wenden stören.

① Wenn das Boot im Wind stehen bleibt ...

... heißt das auch »in den Wind schießen«.

Vermutlich warst du zu langsam, um die Wende zu vollenden.

Um wieder in Fahrt zu kommen, drück die Pinne von dir weg und auch den Baum.

So segelt das Boot rückwärts und dreht sich durch den Wind.

Dann zieh die Pinne zu dir heran und hol die Großschot dicht.

... und schon wirst du lossegeln!

ODER ... Eine andere Möglichkeit, wenn du im Wind stehst, ist das Segel zu öffnen und das Schwert aufzuholen. Dann musst du warten, bis das Boot von selbst durch den Wind dreht. Danach Schot dicht, Schwert runter und weitersegeln!

② Du hast eine Wende gefahren, aber jetzt sind deine Hände verdreht! Folgendes hilft:

Nach der Wende hast du die Pinne hinter deinem Rücken in der nach vorne weisenden Hand und die Großschot in der nach achtern weisenden Hand ...

... also, wie kannst du sie wechseln? Die Hand, die die Schot hält, führst du neben deinen Körper. Sie übernimmt zusätzlich die Pinne ...

... jetzt kann die vordere Hand die Großschot übernehmen, während die nach achtern weisende Hand die Pinne bzw. den Pinnenausleger unter deinem Arm mittschiffs bringt.

AM WIND KREUZEN Jetzt, wo du weißt, wie man wendet, kannst du auf und ab segeln, am besten in Form einer liegenden Acht zum Wind, wobei du jeweils an deren Ende eine Wende fahren musst. Denk daran: Um zu wenden, musst du die Pinne von dir weg zum Segel drücken.

Nach jeder Wende sollte der Wind dir in den Nacken wehen. Das Schwert ist unten.

DAS SCHWERT RICHTIG BENUTZEN. Damit deine Jolle so gut und schnell wie möglich segelt, kommt es nicht nur auf das richtige Steuern oder den Segeltrimm an, sondern auch auf das bestmögliche Einsetzen des Schwerts oder Kielschwerts. Das Schwert/Kielschwert ist grundsätzlich dazu da, ein seitliches Abtreiben des Bootes zu verhindern. Am stärksten ist diese »Abdrift«, wenn du hoch am Wind oder Halbwindkurs segelst. Und so kannst du sie verhindern:

Wie alles funktioniert

AUSREITEN. Am schnellsten segeln die Boote, wenn sie flach und aufrecht auf dem Wasser liegen. Bei seitlich einfallendem Wind und ausgefahrenem Schwert kann es schnell vorkommen, dass sich das Boot auf die Seite legt – es krängt, sagt man dazu – was Anfänger schon mal nervös werden lässt, aber völlig normal ist! Wenn du dein Gewicht einsetzt, kannst du das Boot prima aufrichten und das krängen minimieren – je weiter außen du sitzt, desto effektiver ist dein Gewicht.

Ein Boot möglichst aufrecht zu halten, ist bei jedem Kurs wichtig. Bei einem Vorwindkurs bedeutet dies, dass auf jeder Seite des Bootes jemand sitzt.

Bei Halbwindkurs wirkt mehr seitliche Kraft auf das Segel, und in jeder Böe wird es sich weiter überlegen. Nun musst du schnell reagieren! Manche Jollen haben Ausreitgurte, unter die du die Füße stecken kannst, um dich noch weiter nach außen zu lehnen.

Wenn der Wind zu stark ist und dein Boot zu sehr krängt, kannst du auch die Großschot ein wenig öffnen und fieren. Das nimmt dir buchstäblich ein wenig Wind aus den Segeln und kann ein Kentern verhindern.

Schwerere Boote sind weniger kippelig als Leichtgewichte. Dennoch müssen auch sie stets gut getrimmt werden!

BOOTSTRIMM. Genauso wie du dich darum kümmern musst, das Boot möglichst aufrecht zu segeln, musst du auch darauf achten, dass es nicht bug- oder hecklastig ist, also zu viel Gewicht vorne oder hinten liegt.

Abhängig vom Wetter sitzen Crew und Steuermann normalerweise relativ dicht beisammen auf der Luvseite des Bootes. Dabei sollten sie immer darauf achten, das Boot weder vorne noch achtern allzu sehr eintauchen zu lassen. Am besten, man fühlt sich als Teil des Bootes, nicht als Einzelfigur. Und man selbst fühlt sich ja auch gerade und aufrecht am wohlsten ...

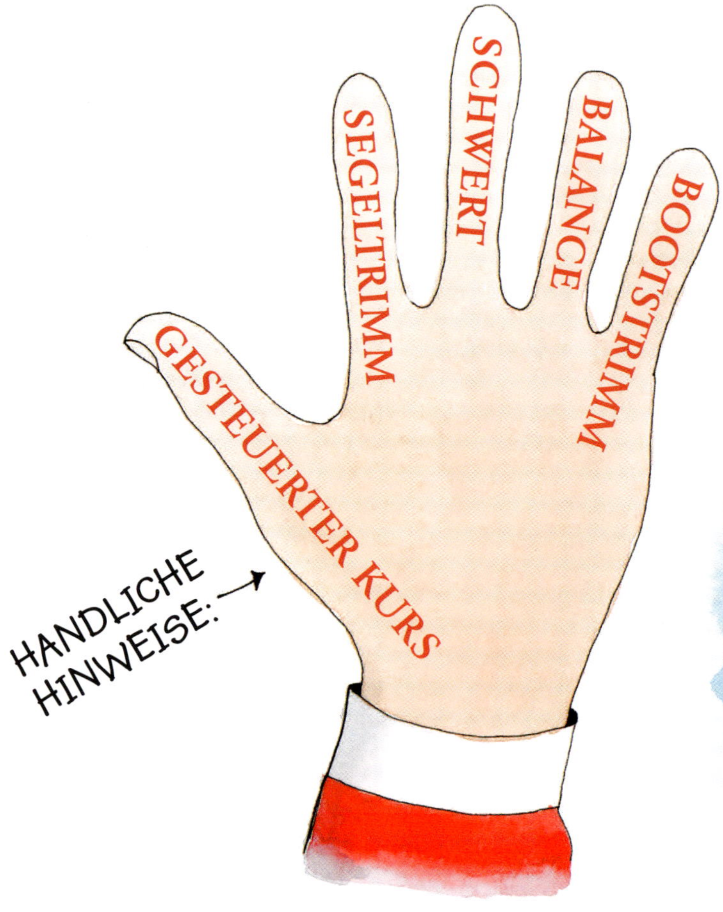

HALSEN. Halsen bedeutet, die Richtung zu ändern, indem man das Heck durch den Wind dreht. Versuche auch hier zunächst Trainingsachten zu drehen, das Boot aufrecht und gerade zu segeln und das Schwert zu zwei Dritteln aufgeholt zu haben.

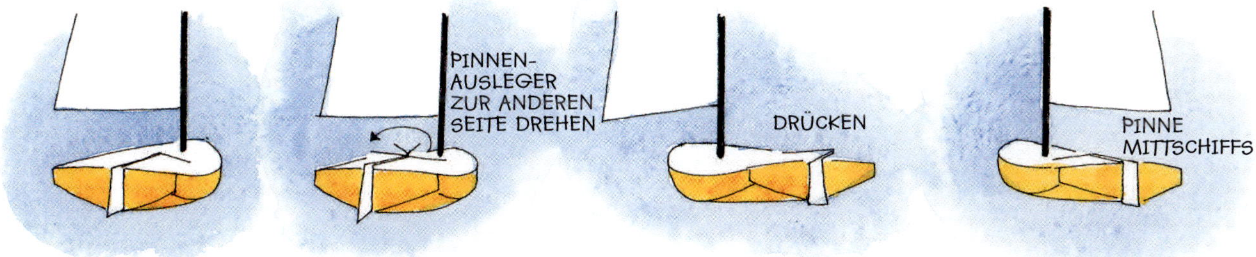

Zuerst muss alles klar sein: Kein Boot, das stört und Raum für den Baum. Der Steuermann ruft: »Klar zur Halse!« Die Crew prüft, ob alles klar ist und antwortet »ist klar!«. Der Steuermann holt die Großschot dicht, um den Baum schiften zu können – kontrolliert von einer Seite zur anderen schwingen zu lassen. Wenn die Schot achtern geführt wird, wechselt er bereits jetzt die Hände (Pinne und Großschot) und setzt sich in die Mitte des Bootes, Blick nach achtern. Bei einer Großschotführung mittschiffs wird der Pinnenausleger um das Ende der Pinne gedreht und wieder zur Mitte geholt. Nun folgt das Kommando »rund achtern!«. Der Steuermann zieht die Pinne zu sich heran, weg vom Segel.

Sobald der Baum überkommt, wird die Pinne wieder mittschiffs geholt, sodass Ruder, Pinne und Baum für kurze Zeit eine Linie bilden. Die Crew holt die neue Fockschot und begibt sich ebenfalls in die Bootsmitte.

Der Steuermann setzt sich auf die neue Luvseite, die Crew balanciert das Boot aus und holt die Fock. Bei einer mittschiffs geführten Großschot werden die Hände jetzt gewechselt (siehe »Wenden«).

DENK DARAN ...

Mittschiffs geführte Großschot ... Blickrichtung während der Halse nach vorne, Hände werden NACH der Halse gewechselt.

Achtern geführte Großschot: Hände werden VOR der Halse gewechselt, Blickrichtung während der Halse nach achtern.

Zum Schluss, bevor es im nächsten Kapitel weitergeht, kommt hier noch eine wichtige Erinnerung – allzu leicht wird es vergessen, weil man speziell bei einer Halse an so vieles denken muss!

FAHRT VERRINGERN UND AUFSTOPPEN

Boote haben keine Bremsen! Schnell zu segeln ist eine Kunst, aber erst wer auch Geschwindigkeit aus seinem Boot nehmen und aufstoppen kann, ist wirklich ein Künstler! Erst dann nämlich hast du die ganze Zeit alles unter Kontrolle. Es ist einfach sicherer, das Boot in jeder Situation zu beherrschen – und es macht weniger Dellen ins Boot, die du im Winterlager mühsam ausbessern müsstest!

Fahrt verringern und aufstoppen

ONTROLLIERTE GESCHWINDIGKEIT. Meistens möchte man ja das Boot so schnell segeln, wie es nur geht, aber enn du nicht weißt, wie man die Fahrt verringert oder aufstoppt, wird es früher oder später ein Ramming geben und oote – deines ebenso wie das von anderen – werden beschädigt. Wann muss man die Fahrt verringern? eispielsweise wenn der Wind für dich zu stark ist oder eine Kollision droht, wenn es sehr flach ist oder du anlanden illst – vielleicht brauchst du aber auch einfach mal eine Pause, um ein bisschen zur Ruhe zu kommen?

FAHRT VERRINGERN ...

① Reffen. Beim Reffen verkleinerst du die Segelfläche, was besonders bei viel Wind sinnvoll ist. Am besten, man refft vor dem Lossegeln – ein Reff ausschütten kann man auch leicht unterwegs, wenn der Wind nachlässt.

Es gibt verschiedene Reffvorrichtungen – sieh dir dein Boot daraufhin genau an!

FAHRT VERRINGERN ... ② Schrick in den Schoten

Auch wenn deine Segel nicht gut getrimmt sind, verlangsamst du dein Tempo.

Fier die Schot, bis das Segel zu flattern beginnt ...

... ABER das funktioniert natürlich nicht, wenn du vor dem Wind segelst und das Segel sowieso schon ganz offen gefahren wird. In diesem Fall kannst du die Schot ein wenig dichter als nötig holen, aber Achtung: Das Boot wird dadurch unstabiler und schwieriger zu steuern!

AUFSTOPPEN

Wenn du in den Wind gehst, also einen Aufschießer fährst, wird das Boot stoppen – leider nicht lange. Es gibt aber zwei Möglichkeiten, länger und kontrolliert zu stoppen.

① Beiliegen

Bring dein Boot auf gemäßigten Vorwindkurs und fiere die Segel, bis sie schlagen.
Um wieder Fahrt aufzunehmen, brauchst du nur die Schoten zu holen – einfach, oder?

② Beidrehen

Nützlich, wenn du länger aufgestoppt liegen willst, beispielsweise beim Reffen. Am einfachsten ist es, eine Wende zu fahren und die Fockschot nicht loszugeben. Das Großsegel schwingt auf die neue Leeseite, die Fock steht back. Das Ruder muss nach Luv zeigen.

ANLEGEN. Egal ob an einer Slipbahn, einem Strand, Steg oder einer Boje: Du musst wissen, wie du kontrolliert Geschwindigkeit aus dem Boot nimmst und aufstoppst. Am Strand oder einer Slipbahn kannst du nicht unbedingt die Windrichtung für dieses Vorhaben ausnutzen, aber an einem Steg oder einer Boje müsste es eigentlich immer gehen. Mach dir in Ruhe Gedanken, wie du es angehen willst!

AN EINEM STEG ANLEGEN …

① Geh an den Wind und bremse notfalls die Geschwindigkeit ab, indem du die Segel zu dicht oder mit Schrick in den Schoten fährst.

② Selbst wenn die Segel schlagen, wird dein Boot noch weiterfahren – unterschätze nie deine Geschwindigkeit!

③ Fahre einen Aufschießer und mache schnell mit der Vorleine fest.

Fahrt verringern und aufstoppen

AUFLANDIGER WIND. Manchmal musst du mit dem Wind aufstoppen, aber mit zwei Segeln ist das überhaupt kein Problem.

Zuerst dreh in den Wind und berge das Großsegel, solange du noch im Tiefen bist.

Dann langsam nur mit der Fock weitersegeln. Mit der Fockschot kannst du deine Geschwindigkeit kontrollieren …

… und wenn du stoppen möchtest, musst du nur noch die Fockschot loswerfen und das Segel ausflattern lassen.

Dein Schwert wird bei einem Vorwindkurs sowieso aufgeholt sein, aber denk auch an dein Ruder, wenn es flach wird!

Wenn du nur ein Segel hast, dass mit einem Fall gesetzt ist …

… mache einen Aufschießer und lass das Segel beinahe ganz herunter.

Pass auf, dass du dich nicht in dem Segel verwickelst, wenn es runterkommt!

Wenn du vor dem Wind auf einen Strand zufährst, kannst du auch in letzter Minute einen Aufschießer fahren und über die Seite aussteigen.

Bei halbem Wind parallel zum Strand kannst du ebenfalls kurz vor der Landung einen Aufschießer fahren und über die Seite aussteigen.

Kapitel 4

EINE BOJE AUFNEHMEN. Um eine Boje aufzunehmen und sich an ihr festzumachen, muss man tüchtig üben. Am Anfang wirst du vermutlich entweder daran vorbeirauschen oder viel zu früh abstoppen (natürlich nur, wenn viele Zuschauer deine verzweifelten Bemühungen bemerken), aber was für ein Erfolg, wenn du punktgenau aufstoppst und sie beim ersten Griff zu fassen kriegst (passiert selbstverständlich dann, wenn niemand zusieht!).

WELCHES BOOT?

Kapitel 5

Ein Boot auszusuchen ist fast wie einen Freund auszuwählen. Ihr müsst gut miteinander auskommen und dieselben Dinge mögen. Es gibt Hunderte von Booten – wie sollst du da nur das richtige finden?

Welches Boot?

KOSTEN. Okay, nachdem du in die Anfänge des Segelns eingeweiht bist, ist es an der Zeit, über ein Boot für dich nachzudenken. Welcher Typ passt zu dir, und was wird es kosten? Gute Boote kosten gutes Geld, aber es gibt immer auch preiswerte Methoden, um aufs Wasser zu kommen.

Früher wurden Boote aus Holz oder Sperrholz gefertigt - einige Werften arbeiten auch heute noch so - aber die meisten Boote bestehen heute aus GfK (Glasfaserverstärkter Kunststoff) oder PU. Unterhalt und Pflege eines Kunststoffbootes sind deutlich weniger zeitintensiv und billiger als bei Holzbooten.

EIN NEUES BOOT KAUFEN
Bootsmessen sind ein guter Platz, um sich erst mal über die Neuheiten auf dem Markt zu erkundigen. Außerdem hat man fast alle Modelle beisammen, die man in Ruhe vergleichen kann, bevor man vielleicht ein gebrauchtes Boot kauft ...

GEBRAUCHTBOOTE
Am Schwarzen Brett des Segelvereins, in Anzeigen in Segelzeitschriften oder im Internet kann man gut gebrauchte Boote finden (die meisten Jollen-Klassenvereinigungen haben eine homepage). Jollen sind langlebig, sofern sie einigermaßen gepflegt werden, sodass man eine gebrauchte Jolle schon für ein paar Hundert Euro kaufen kann.
Am besten nimmst du zur Besichtigung einen erfahrenen Segler mit - auch wenn das Boot auf den ersten Blick klasse aussieht, kann es eine Menge Geld kosten, verborgene Schwachpunkte zu reparieren.

AUF JEDEN FALL VERSICHERN!

Ein Unfall oder eine Kollision kann schneller passieren, als man denkt - dabei kann nicht nur dein eigenes, sondern auch ein fremdes Boot beschädigt werden! Bootsversicherungen für Jollen kosten nicht viel. Manche Vereine bestehen sogar auf einer Versicherung, wenn man bei ihnen Regatten segeln will.

Kapitel 5

LIEGEPLATZ. Wenn du ein Boot gekauft hast, musst du dich als Nächstes um einen Trailer kümmern. Es gibt für die meisten Jollen kleine Handwagen, mit denen man sie bewegen kann, aber auf der Straße benötigt man einen zugelassenen Anhänger. Es gibt auch Kombimodelle, die sowohl hinter ein Auto gehängt werden können, als auch einen Handwagen beinhalten, um die Jolle zu Wasser zu bringen. Sie sind zwar teuer, machen aber zum Beispiel Sinn, wenn man andere Gewässer kennenlernen oder Regatten segeln möchte.

Kleine Jollen wie Optimisten oder Laser können auf dem Autodach transportiert werden, alle anderen müssen auf einem zugelassenen Hänger hinter dem Auto getrailert werden - es sei denn, du hast einen Liegeplatz gleich um die Ecke!

In einem Segelverein gibt es meist Stellplätze auch für eigene Jollen – es kann allerdings sein, dass du dich für den Winter um einen anderen Platz kümmern musst. Wenn du selbst keinen Platz im Garten oder einer Garage hast, frag einen Freund – irgendjemand findet sich immer!

Eine größere Jolle kann auch an einer Mooring liegen, was dir das leidige Aufriggen und Zu-Wasser-Lassen jedes Mal vor dem Segeln erspart. Allerdings musst du das Unterwasserschiff deiner Jolle dann mit einem speziellen Schutzanstrich (dem sogenannten Antifouling) streichen, damit sie vor Algen, Seepocken oder Ähnlichem geschützt ist. Außerdem sollte sie dann mit einer Persenning oder Plane vor Regen und Schmutz von oben geschützt werden.

Ach ja, und dann brauchst du auch noch ein kleines Dingi oder Beiboot, damit du überhaupt zu deinem Schiff draußen an der Boje kommst!

Welches Boot?

BOOTSTYPEN. Zunächst musst du dich entscheiden, ob du Regatten segeln möchtest. Wenn ja, solltest du dich für einen möglichst verbreiteten Jollentyp entscheiden, damit du viele Gegner und somit Möglichkeiten zum Regattasegeln hast (außerdem wird dein Boot dann später auch leicht zu verkaufen sein). Was wird denn in deinem Verein am häufigsten gefahren? Es gibt scheinbar unendlich viele Typen und Klassen, hier wollen wir nur die populärsten vorstellen.

OPTIMIST
Seit mehr als 50 Jahren lernen Kinder auf dem Optimisten segeln, und seine Beliebtheit ist immer noch ungebrochen – was auch an der überall aktiven Regattaszene liegen mag. Optis werden aus Sperrholz oder GfK gefertigt.

LASER FUNBOOT
Eine ganz einfache Jolle für Einsteiger, mit zwei Rümpfen und ohne Schwert, womit es sich ideal vom Strand aus starten lässt.

TOPPER
Einfache und robuste Plastikjolle für Kinder und leichte Erwachsene. Leicht zu transportieren und ins Wasser zu lassen. Kann bis zu 16 Jahren auf Regatten gefahren werden.

LASER PICO
Unverwüstliche Jolle aus PU, wird oft in Segelschulen verwendet. Kann auch mit Fock geriggt werden, sodass man sie sowohl allein als auch zu zweit segeln kann.

MIRROR Bekannt seit den 1960er-Jahren, gebaut aus Holz oder GfK. Eigentlich eine Juniorklasse, aber auch bestens für kurze Törns mit den Eltern zu gebrauchen!

LASER 4.7
Der 4.7 ist der kleinste von drei Riggtypen, die der Laser bietet – eine sehr vielfältige Jolle, die mit dem größeren Radial- oder Fullsize-Rigg sogar eine olympische Klasse ist.

TEENY
Kompakte Jolle für zwei Jugendliche. Gut zum Lernen.

RS FEVA
Eine moderne Jolle für Jugendliche und Erwachsene aus PU. Ein sehr sportliches Rigg.

29ER
Eine schnelle und sehr sportliche nationale Klasse – nicht für Einsteiger!

Welches Boot?

Für mehr als zwei Personen benötigt man ein größeres und auch stabileres Boot. Sofern du keine Regatten segeln willst, ist die Auswahl an passenden Booten schier unendlich.

WAYFARER
Ein geräumiges Boot für Regatten und längere Törns in Küstennähe. Früher aus Holz, heute aus GfK gebaut.

DART 16
Ein Katamaran (Zweirumpfboot) ohne Schwerter. Katamarane sind schnell – der DART ist allerdings ein Typ, mit dem auch Anfänger gut klarkommen.

JUGENDKUTTER
Die größte offene Jolle überhaupt. Stäbig mit viel Platz: Auf dieses Boot passt nicht nur die ganze Familie, sondern auch noch eine Menge Gepäck. Wird gerne an der Küste in Segelschulen benutzt, weil ein Lehrer mit vielen Schülern gleichzeitig segeln kann.

GIB NICHT AUF, WENN DU SEEKRANK WIRST!
Es gibt so viele unterschiedliche Boote, die du segeln kannst – versuch doch mal eine größere Jolle oder einen Jugendkutter. Wer den Speed liebt, ist vielleicht mit einem Trimaran gut bedient.

WO ZU WASSER LASSEN? Sofern du Mitglied in einem Segelverein bist, kannst du dessen Slipbahn, Steganlage oder die Jollenliegeplätze mitbenutzen. Aber der besondere Spaß liegt natürlich darin, unbekannte Reviere zu entdecken – es gibt Hunderte von Plätzen, die auf dich warten! Im Urlaub ist es manchmal auch möglich, die Einrichtungen eines anderen Segelvereins zu nutzen – nachfragen lohnt sich!

SEGELZENTREN
Auf Binnenseen oder Flüssen kann es sein, dass du eine spezielle Genehmigung zum Ins-Wasser-Lassen brauchst. Beliebte Reviere haben meist einen Hafen, wo du dein Boot zu Wasser lassen und den Trailer lagern kannst.

ÖFFENTLICHE SLIPBAHNEN
Viele Häfen haben eine Slipbahn, die jeder benutzen darf – manchmal gegen eine geringe Gebühr.

Allerdings muss man sich erkundigen, wo das Auto geparkt werden darf – dafür ist nämlich meist nur wenig Platz. Im Sommer kann es schon mal ein bisschen dauern, bis man dran ist …

SICHER-
HEIT

Segeln ist immer ein Erlebnis, und wie bei jedem Abenteuer solltest du gut vorbereitet sein, um nicht in Not zu geraten. Sei respektvoll gegenüber dem Wasser – es ist real und nicht nur ein Computerspiel!

DAS SINKEN VERMEIDEN. Jollen müssen unsinkbar sein, damit sie auch dann noch schwimmen, wenn ie gekentert sind. Viele moderne Boote haben abgeteilte, wasserdichte Bereiche. Andere wiederum aben aufblasbare Auftriebskörper, die mit Gurten im Rumpf befestigt sind. Diese Auftriebskörper und ıre Befestigungen müssen vor jedem Segeln überprüft werden, damit sie nicht Luft verlieren oder gar erausfallen, wenn das Boot kentern sollte.

ollen sind sehr gewichtsempfindlich! Überlade ein Boot nicht – es kann konstruktionsbedingt ur ein bestimmtes Gewicht tragen!

Jollen mit offenem Heck haben eine selbstlenzende Plicht, die das Wasser abfließen lässt. Wenn dein Boot nicht über solch eine selbstlenzende Plicht verfügt, brauchst du etwas zum Schöpfen (ein sogenanntes Ösfass, eine Dose oder ein kleiner Eimer tun's aber genauso), um das Wasser herauszubekommen. Vergewissere dich, dass dein Schöpfgefäß fest ans Boot gebunden ist!

Kapitel 6

WIE MAN KOLLISIONEN (ZUSAMMENSTÖSSE) VERMEIDET: Manche Reviere sind so populär, dass sie regelrecht überlaufen sind – da musst du besonders aufpassen, dass du mit niemandem zusammenstößt! Ähnlich wie an Land gibt es auch auf dem Wasser Verkehrsregeln – die sogenannten Kollisionsverhütungsregeln, von denen du zumindest die Grundzüge kennen musst, um gefährliche und teure Kollisionen vermeiden zu können. Denk dran, Boote haben keine Bremsen!

BACKBORDBUG VOR STEUERBORDBUG/Segel rechts weicht Segel links

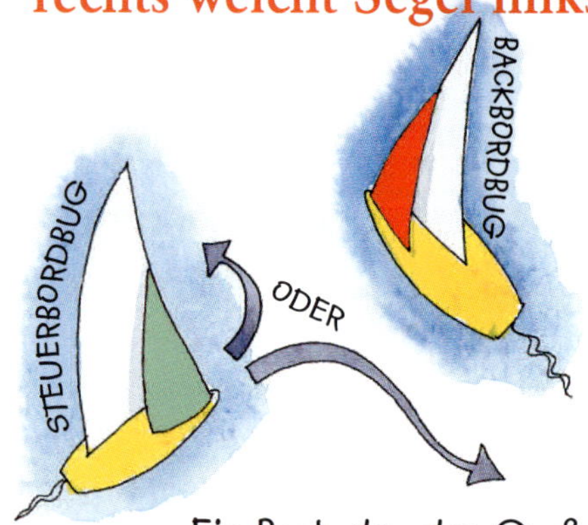

Ein Boot, das den Großbaum auf der Steuerbordseite fährt (den Wind also von Backbord hat), muss einem Boot, das den Großbaum auf Backbord fährt, ausweichen.

Wenn dein Boot auf Backbordbug segelt, halte den Kurs, aber sei aufmerksam, denn es kann auch sein, dass der andere dich gar nicht bemerkt hat!

Wenn du nicht genau sehen kannst, auf welchem Bug das andere Boot segelt (beispielsweise weil es unter Spinnaker fährt und du das Großsegel nicht sehen kannst), geh einfach davon aus, dass es auf Backbordbug fährt – und weiche entsprechend aus!

LEE VOR LUV

Wenn zwei Boote auf dem gleichen Bug segeln, muss das Boot, das dichter beim Wind segelt, ausweichen!

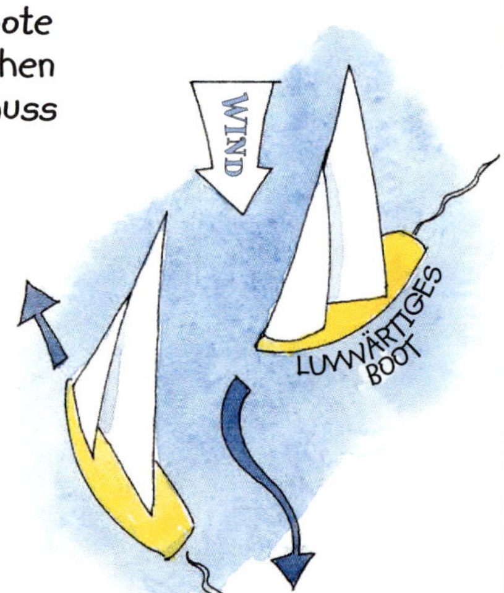

Wenn du in einem stark befahrenen Gewässer segelst, musst du jederzeit deine Geschwindigkeit unter Kontrolle halten – je schneller du bist, desto größer wird der Schaden im Fall einer Kollision sein. Mach dir jederzeit bewusst, auf welchem Bug du segelst, also wo dein Großbaum steht, damit du nicht erst anfangen musst, darüber nachzudenken, wenn du in der Nähe eines anderen Bootes bist und einer ausweichen muss.

SEGELBOOTE HABEN VORFAHRT VOR MOTORBOOTEN

... aber es gibt immer Ausnahmen: zum Beispiel die Berufsschifffahrt!

Benutz deinen gesunden Menschenverstand – und wenn du zweifelst, weich selbst aus!

Vergiss nicht: Auch wenn du ruderst, giltst du als Motorboot und musst also ausweichen!

RECHTS FAHREN

Auf einem Fluss oder Kanal solltest du wenn möglich immer auf der rechten Seite fahren – egal ob unter Segel oder unter Motor.

ÜBERHOLER MÜSSEN ABSTAND HALTEN

Beim Überholen musst du immer genug Abstand halten – auch wenn du als Segler ein Motorboot überholst!

AUSGUCK

»JEDES BOOT SOLLTE ZU JEDER ZEIT AUFMERKSAM AUSGUCK HALTEN!«
Das ist die wichtigste Regel überhaupt. Sie klingt so einfach, bedeutet aber, wirklich nach allen Seiten Ausschau zu halten. Gerade auf Segelbooten kann man schlecht sehen, was sich hinter der Fock abspielt – sei gerade dort besonders wachsam!

Auf See ist jeder Einzelne dafür verantwortlich, Kollisionen zu vermeiden. Wenn also jemand dir nicht ausweicht, obwohl er es eigentlich müsste, liegt es an dir, rechtzeitig ein Ausweichmanöver zu fahren!

WAS TUN BEIM KENTERN? Jollen kentern von Zeit zu Zeit – das ist nun mal so und kein Grund zur Panik – besonders wenn man vorbereitet ist und weiß, was zu tun ist. In einem Segelkurs bringt man dir bei, wie man richtig kentert – und vor allem, wie man das Boot wieder aufrichtet, sodass du im Notfall Bescheid weißt.

KEINE PANIK! Deine Schwimmhilfe hält dich über Wasser – nutze deine Energie lieber, um das Boot wieder aufzurichten.

BLEIB BEIM BOOT!

Das ist wichtig, weil das gekenterte Boot vom Wind schneller vertrieben werden kann, als du schwimmen kannst.

EINE ZWEIMANNJOLLE AUFRICHTEN

1. Beide schwimmen zum Heck und halten sich fest. Überprüft, ob das Ruderblatt noch richtig sitzt.

2. Der Steuermann nimmt das Ende der Großschot und schwimmt um das Boot herum zum Schwert.

3. Sobald er da ist, passt der Steuermann auf, dass die Jolle nicht ganz umkippt (Mastspitze weist zum Grund).

4. Die Crew sucht nach der oben liegenden Fockschot und wirft sie zum Steuermann.

5. Der Steuermann lässt die Großschot los und klettert auf das Schwert, die Fockschot fest in der Hand.

6. Die Crew schwimmt zur Plicht und sucht einen Ausreitgurt, an dem sie sich möglichst jetzt schon festhält.

RUHIG BLEIBEN! Wenn du im Wasser liegst und ein Segel ist über dir, strecke einen Arm hoch, sodass du einen Freiraum für deinen Kopf erhältst. Dann schwimm zur Seite und ins Freie.

7. Der Steuermann steht auf dem Schwert, mit den Füßen dicht am Rumpf und lehnt sich weit nach hinten, indem er sich an der Fockschot festhält.

8. Sobald das Boot sich aufrichtet, kommt die Crew mit ins Boot und kann von dort aus dem Steuermann ebenfalls zurück an Bord helfen.

EINE EINMANNJOLLE AUFRICHTEN

1. Schwimm zum Heck und überprüfe das Ruder.

2. Nimm die Großschot und schwimm mit ihr zum Schwert.

3. Um das Boot aufzurichten, musst du dich an das Schwert hängen oder auf das Schwert steigen.

4. Sobald du am Rumpf ziehst, wird sich das Boot aufrichten und du kannst zurück an Bord klettern (geht manchmal am besten übers Heck).

Bevor du das Boot aufrichtest, musst du es im Wasser so drehen, dass der Bug genau im Wind liegt. Sonst könnte der Wind sofort in die Segel greifen und das Boot sich zur anderen Seite neigen – und erneut kentern!

NICHT AUSKÜHLEN!

Beim Kentern wirst du logischerweise nass – und kannst schnell frieren. Sobald du zu zittern beginnst, fahr zurück an Land und hol dir trockene, warme Kleidung.

ABSCHLEPPEN

Übergib deine Vorleine zum rettenden Boot, berge die Segel und zieh das Schwert hoch. Das Ruder muss ganz im Wasser bleiben, sodass du steuern kannst. Setz dich möglichst weit nach hinten, damit der Bug nach oben kommt.

Wenn mehrere Boote abgeschleppt werden, bilden sie eine lange Reihe – nur das letzte Boot behält das Ruder im Wasser und steuert!

MANN ÜBER BORD! Es passiert nicht gerade oft, dass jemand aus einer Jolle über Bord geht. Doch wenn es geschieht, solltest du wissen, was zu tun ist.

Wenn du steuerst und deine Crew fällt über Bord, wirf sofort die Fockschot los. Wenn du als Crew fährst und dein Steuermann geht baden, lass die Fockschot ebenfalls los und übernimm die Pinne, um die Kontrolle über das Boot zu gewinnen.

FLAUTE. Wenn mal überhaupt kein Wind weht oder du nicht segeln kannst, weil etwas kaputtgegangen ist, musst du in der Lage sein zu rudern oder zu paddeln, damit du wieder nach Hause kommst. Vergewissere dich daher vor dem Lossegeln, dass du Ruder (und Dollen!) oder Paddel an Bord hast – und natürlich solltest du dann auch wissen, wie man sie benutzt! Rudern ist wie Rad fahren – nicht ganz einfach zu lernen, aber wenn man erst mal weiß, wie's geht, wird man es nie wieder vergessen!

RUDERN

An Anfang solltest du bei ruhigem Wetter und nahe der Küste üben. Das Geheimnis liegt eigentlich darin, beide Hände in kleinen Kreisen zu bewegen und jeweils dann zu ziehen, wenn die Hände ganz oben sind – und die Ruderblätter im Wasser.

Versuch einen Rhythmus zu finden – wenn du durcheinanderkommst, lass beide Ruder ruhen und fang noch mal von vorne an. Wenn möglich, solltest du den Hinweg immer gegen den Wind oder die Tide wählen – wenn du müde wirst, wird dich der Wind oder die Strömung wieder nach Hause bringen.

Um nach rechts zu fahren, benutze nur das linke Ruder – wenn du nach links willst, musst du nur das rechte Ruder nutzen. Um zu stoppen tauche beide Ruderblätter ins Wasser und halte sie dort.

PADDELN

Paddeln ist einfacher, wenn ihr zu zweit seid – einer paddelt, der andere steuert. Setz dich zum Paddeln möglichst weit nach vorne. Wenn du allein unterwegs bist, setz dich auf den Pinnenausleger um zu steuern oder benutz ein Einhandpaddel.

TIPP – Wenn du auf einem Fluss gegen eine starke Strömung rudern oder paddeln musst, halte dich dicht am Uferrand, dort ist die Strömung meist geringer!

Kapitel 6

SICHERHEITSAUSRÜSTUNG. Es macht Sinn, gut ausgerüstet zu starten, damit du dir im Notfall selbst helfen kannst.

Was du an Sicherheitsausrüstung mitnimmst, hängt natürlich davon ab, was für ein Boot und wo du segelst. Hier ein paar Beispiele, was man alles mitnehmen kann …

Bevor du startest:

- Am besten mindestens mit zwei Booten ablegen.
- Sag jemandem an Land, wohin du segeln willst, wer mitkommt und wann du zurück sein willst.
- Überprüfe den Wetterbericht und wenn nötig den Tidenkalender.

WIE MAN UM HILFE RUFT Wenn du in Schwierigkeiten bist und Hilfe benötigst, musst du auf dich aufmerksam machen – und zwar so:

- Benutze ein Handy oder UKW-Funkgerät
- Rufe laut, winke mit irgendetwas oder benutze eine Trillerpfeife
- Beweg deine Arme langsam auf und ab
- Auf dem Meer: Benutze die Knicklichter – allerdings solltest du mit ihrer Handhabung vertraut sein!

WAS MUSS ICH NOCH WISSEN?

Zum Segeln gehört nicht nur das Segeln!

Seemannschaft heißt, auf alles, was dich umgibt, zu achten, Wind und Gezeiten zu verstehen und dein Boot so gut zu kennen, dass ihr wie ein Team zusammenarbeiten könnt. Bleib neugierig, frage und nutze jede Minute auf dem Wasser – so wirst du schnell zu einem versierten »Salzbuckel« werden!

Was muss ich noch wissen?

WETTER-BASICS. Du musst nicht gleich Meteorologe werden, aber du solltest schon wissen, wie der Wind wehen wird, bevor du auf's Wasser gehst – und ob Änderungen in Stärke und Windrichtung bevorstehen. Einen Wetterbericht bekommst du meist beim Hafenmeister, oder er hängt am Schwarzen Brett des Vereins aus. Auch über das Internet oder das Radio, das Fernsehen oder via Telefon kannst du dir die notwendigen Informationen besorgen (wobei das Internet heutzutage wohl die genaueste und aktuellste Quelle sein dürfte).

WAS BEDEUTEN DIE BEGRIFFE IM WETTERBERICHT? Natürlich muss man nicht alle kennen. Hier sind ein paar besonders sinnvolle, präzise und nützliche:

WETTERLAGE – das derzeit aktuelle Wetter
AUSSICHTEN oder PROGNOSEN – Wetter in den nächsten 12 oder 24 Stunden

Käpt'n Gucks Wetterregeln:
Wenn die Kerzenflamme auch draußen ruhig brennt, ist nicht

genug Wind zum Segeln.
Wenn sie ausgeblasen wird vom Wind, ist es zu viel!

WETTERBERICHT GANZ EINFACH
Zwei verschiedene Wettersysteme beeinflussen unser Wetter: die Hoch- und die Tiefdruckgebiete.

HOCHDRUCK – beständiges Wetter, trocken mit eher wenig Wind.

TIEFDRUCK – Wechselhaftes Wetter, eher nass und windig.

WINDRICHTUNG ... Im Wetterbericht wird die vorherrschende Windrichtung angegeben, also die Richtung, aus der der Wind kommt (und nicht, wohin er weht). Es ist gut, wenn du die Himmelsrichtungen in deinem Revier kennst, dann weißt du, was dich wo erwartet.

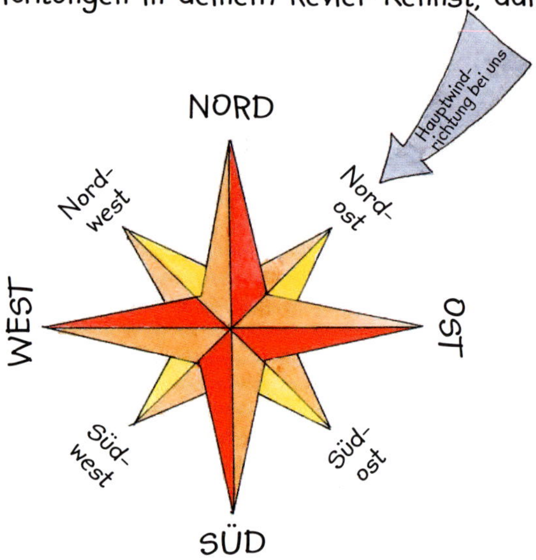

LOKALE EFFEKTE – lerne dein Revier kennen. In engen Flüssen kann das Flussbett wie eine Düse wirken und den Wind verstärken. Bäume, Hügel und Häuser können den Wind ablenken. In Buchten weht meist etwas weniger Wind als weiter draußen.

DIE WINDRICHTUNG ZU KENNEN, IST BESONDERS AN DER KÜSTE WICHTIG

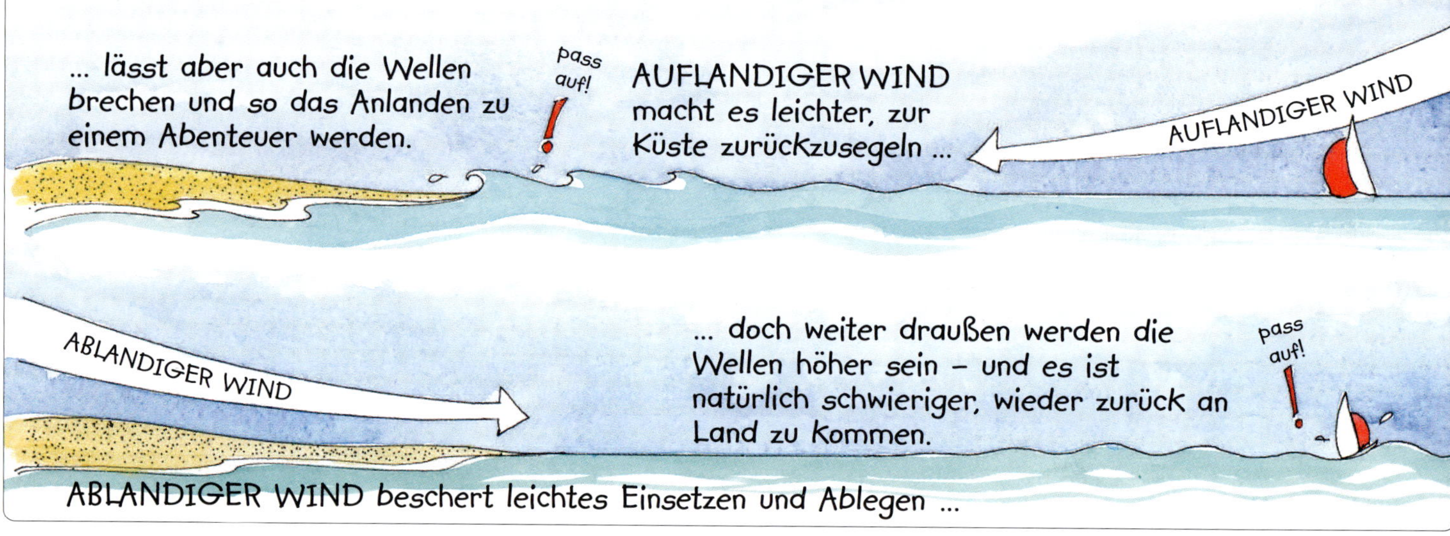

SEEWIND

Im Sommer, wenn die Sonne das Land schneller als das Wasser aufheizt, entsteht der Landwind.

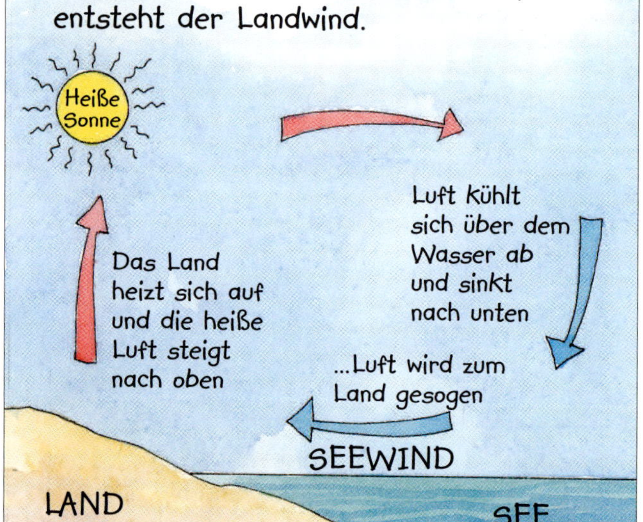

WIND ENTLANG DER KÜSTE

Perfekte Bedingungen! Sichert leichtes Ablegen und Segelsetzen und man kommt auf einem Bug sowohl von der Küste weg als auch wieder zurück. Die leewärtige Küste kann ruhiger sein als die luvwärtige.

Was muss ich noch wissen?

WIE WIRD DIE WINDSTÄRKE GEMESSEN?

Im 18. Jahrhundert erfand Admiral Beaufort die Beaufortskala, um den Seglern ein Hilfsmittel für die Windstärke an die Hand zu geben. Grundlage dafür waren Beschreibungen von der See bei unterschiedlichem Wind.

Die Beaufortskala reicht von 0 bis 12 und wird noch heute benutzt.

Windstärke 12 … Orkan …
Admiräle werden umgeweht …

WANN IST EIN KNOTEN EIN KNOTEN?

Eine Seemeile pro Stunde – so berechnet sich die Geschwindigkeit des Windes (und des Bootes). Eine Seemeile ist 1,853 Kilometer lang, also knapp doppelt so lang wie ein Kilometer.

BEAUFORTSKALA FÜR ANFÄNGER

Überhaupt kein Wind – aber guck auf das Wasser! Kleine Wellen zeigen dir an, wenn eine Brise aufkommt.

1-3 Knoten Windgeschwindigkeit. Du kannst zwar segeln, aber nur wenig. Eigentlich frustrierend.

4-6 Knoten Windgeschwindigkeit. So nett und ruhig, dass du eine Ausfahrt mit deiner Großmutter machen kannst.

7-10 Knoten Windgeschwindigkeit. Perfekter Segelwind!

Windstärke 4 Mäßige Brise – 11-15 Knoten Windgeschwindigkeit. Anfänger sollten hier langsam aufhören und lieber den Könnern vom sicheren Land aus zusehen.

Windstärke 5 und mehr – denk nicht mal daran, jetzt zu segeln! Erfahrene »Salzbuckel« gehen auch jetzt und selbst bei 6 Windstärken raus, ab Windstärke 7 spätestens aber sitzt jeder lieber im Vereinshaus!

STRÖMUNG / GEZEITEN – Wenn du nur auf einem See segelst oder auf der Ostsee, kannst du die nächsten vier Seiten getrost überblättern. Sofern du aber mal an der Nordseeküste bist oder an Flüssen wie Elbe, Ems und Weser, ist ein bisschen Wissen darüber, was die Gezeiten sind und wie sie dich beeinflussen, sehr sinnvoll. – Das Wasser steigt (Flut) und sinkt (Ebbe) zweimal in 24 Stunden.

WAS VERURSACHT DIE GEZEITEN?

Gezeiten werden von der Anziehungskraft von Mond und Sonne verursacht. Jeden Monat (also in der Zeit, die der Mond benötigt, um die Erde einmal zu umrunden) gibt es zwei Springzeiten und zwei Nippzeiten.

SPRING-ZEIT

ist, wenn Sonne, Mond und Erde in einer Linie stehen. Das verursacht die höchsten Hochwasser und die niedrigsten Niedrigwasser.

NIPP-ZEIT

herrscht, wenn der Mond genau quer zur Sonne steht. Die Anziehungskraft verringert sich und die Unterschiede zwischen Ebbe und Flut sind weniger groß.

TIDENHUB

Die Differenz in der Höhe zwischen Hoch- und Niedrigwasser heißt Tidenhub. Besonders in Revieren mit hohem Tidenhub muss das Niedrigwasser beachtet werden!

Datum	HW	HW	NW	NW
01.04.2007	00:44	13:11	07:26	19:39
02.04.2007	01:19	13:43	08:00	20:16
03.04.2007	01:54	14:14	08:34	20:49
04.04.2007	02:26	14:40	09:04	21:17
05.04.2007	02:54	15:04	09:31	21:41
06.04.2007	03:20	15:30	09:54	22:06
07.04.2007	03:47	15:58	10:18	22:32
08.04.2007	04:15	16:26	10:43	22:58
09.04.2007	04:44	16:55	11:07	23:25
10.04.2007	05:18	17:34	11:37	-
11.04.2007	06:11	18:39	00:06	12:28

Jeden Tag gibt es zweimal Ebbe und zweimal Flut, also wechseln Hoch- und Niedrigwasser ungefähr alle sechs Stunden ab.

VORAUSSCHAUEND PLANEN!

Im Tidenkalender findest du die täglichen Zeiten von Hoch- und Niedrigwasser. Beim Erkunden von Tidengewässern musst du deine Rückreise rechtzeitig einplanen, damit du nicht am Ende auf dem Trockenen sitzt.

Was muss ich noch wissen?

EBBE UND FLUT – Eine Tide dauert in etwa 12 Stunden, sodass dass Wasser ca. 6 Stunden aufläuft (Flut) und 6 Stunden abläuft (Ebbe), wobei es zwischen Ebbe und Flut immer einen kurzen Zeitraum gibt, an dem der Wasserstand konstant bleibt – Stillwasser genannt. Natürlich ist es gerade bei Stillwasser wichtig zu wissen, in welche Richtung es anschließend strömen wird, damit du nicht mühsam gegen den Strom fahren musst!

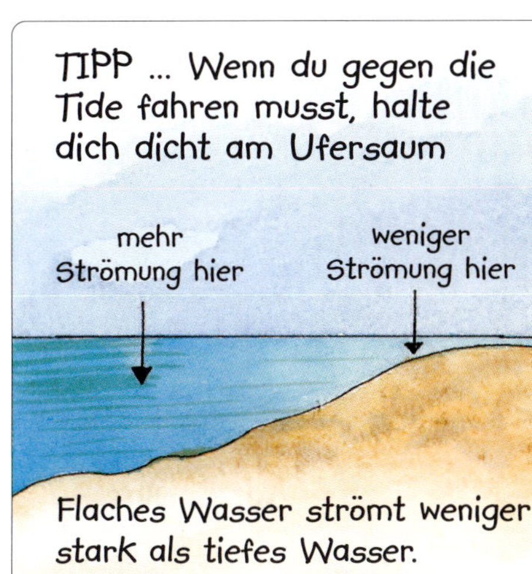

SEGELN IN TIDENGEWÄSSERN – Gezeitenströme laufen nicht nur mit dir oder gegen dich – manchmal muss man auch quer zu ihnen segeln. In diesem Fall weist dein Bug nicht in die Richtung, in die du eigentlich segeln willst, weil die Strömung dich seitlich versetzt. Suche dir zwei feststehende Objekte, die sich aus deiner Sicht überlappen müssen und halte dann immer ein bisschen vor, sodass die Strömung dich nicht daran vorbeiziehen kann. Je stärker der Strom, umso mehr musst du vorhalten.

AUFSTOPPEN IN TIDENGEWÄSSERN

Strömungen machen es auch nicht eben leichter, einen passgenauen Aufschießer zu fahren, beispielsweise um eine Boje aufzupicken. Am gemeinsten ist es, wenn Wind und Tide gegeneinanderlaufen – wenn du auf den Wind vertraust, wird die Strömung dich gnadenlos versetzen, sobald der Druck aus dem Segel verschwindet. Aber natürlich gibt es auch dafür einen Trick ...

EINE BOJE AUFNEHMEN ...

Wenn Wind und Strömung gegeneinanderlaufen, wird dich ein Aufschießer nicht aufstoppen. Du musst die Strömung als Bremse einsetzen und gegen sie (und mit dem Wind) abstoppen.

Fahre zunächst in den Wind, um das Großsegel zu bergen. Dann fährst du nur unter der Fock zur Boje.

Lass die Fock flattern, während du die Boje aufnimmst und das Boot festmachst.

EINE BOJE VERLASSEN ...

Ist dir aufgefallen, dass sich dein Boot an einer Boje immer mit der Strömung dreht? Wenn Wind und Tide gegeneinanderlaufen, kannst du nicht in den Wind drehen, um das Großsegel zu setzen, also setz nur die Fock und segle mit dem Wind von der Boje weg.

Vergewissere dich, dass dein Großsegel bereit zum Setzen ist, bevor du ablegst.

Wenn du genug Platz hast, dreh in den Wind und setz das Großsegel.

Was muss ich noch wissen?

Wenn Wind und Strömung gegeneinanderlaufen, muss man auch beim Anlegen an und Ablegen von einem Steg aufpassen.

Je mehr du in Tidengewässern unterwegs bist, desto schneller werden dir die Zusammenhänge klar sein und wirst du mit Strom und Wind zurechtkommen.

Denke aber immer an eines: Die Tide kann ein guter Freund sein – und ein schrecklicher Gegner!

KNOTEN. Alle Segler müssen wissen, wie man Knoten knüpft, aber darüber hinaus sollte man auch wissen, wofür man welchen Knoten braucht. Hier sind die Wichtigsten – am besten hast du immer ein Stück Strippe in der Tasche, mit dem du üben kannst.

<table>
<tr><th>Welcher Knoten?</th><th>Wofür?</th><th>Wie knüpfen?</th></tr>
<tr><td>KREUZKNOTEN
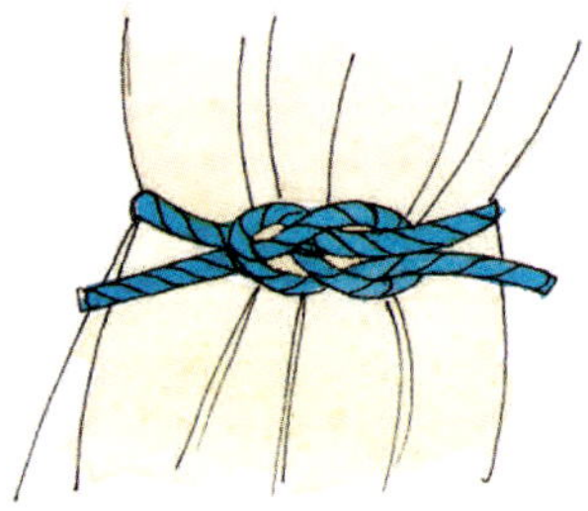</td><td>Zum Verbinden zweier gleich starker Enden, um ein Tau um einen Gegenstand zu binden

Traditionell als Reffknoten</td><td>Einfach – wenn du Folgendes beachtest:
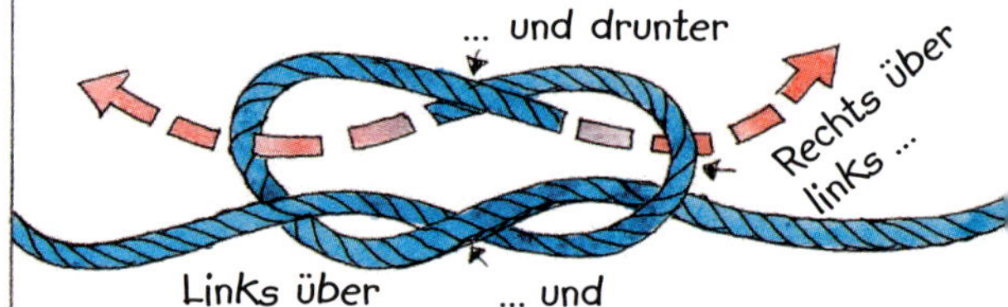
</td></tr>
<tr><td>ACHT-KNOTEN
</td><td>Ein Knoten, der das Ausrauschen der Leinen verhindert</td><td>Einfach – lege die Form einer 8 und du hast es fast schon geschafft!

</td></tr>
<tr><td>
Anderthalb Rundtörn mit zwei halben Schlägen</td><td>Ein Tau an einem Pfosten oder Ring befestigen</td><td>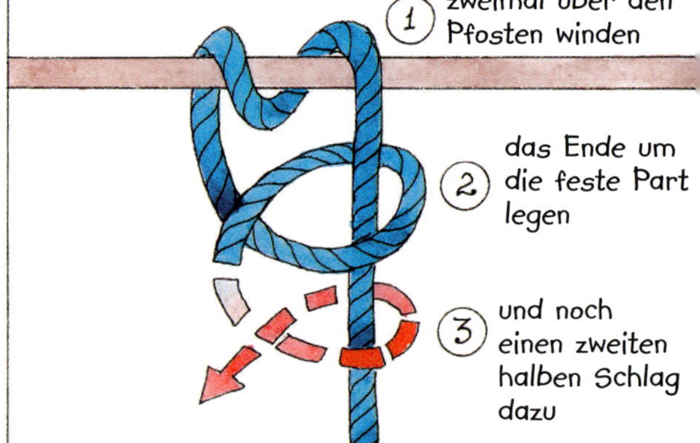
</td></tr>
<tr><td>PALSTEK
</td><td>Gibt ein festes Auge, beispielsweise um die Schot am Schothorn des Segels zu befestigen</td><td>Am Anfang ein bisschen schwierig, aber mit ein bisschen Übung kannst du ihn bald im Schlaf!</td></tr>
<tr><td></td><td colspan="2">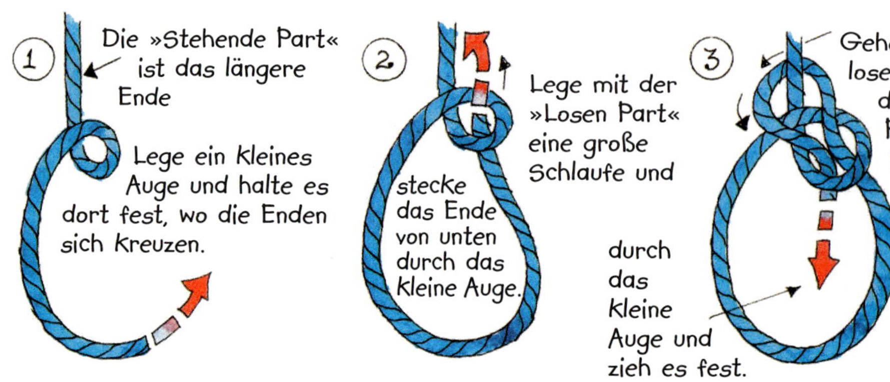
</td></tr>
</table>

Was muss ich noch wissen?

BOOTSPFLEGE ist keine lästige Pflicht, sondern genauso ein Teil guter Seemannschaft wie der perfekte Trimm deines Segels. Auf dieser Seite stellen wir ein paar Dinge vor, die du regelmäßig während der Saison tun solltest, die nächste Seite zeigt dir, wie das Ein- und Auswintern vonstattengeht. Natürlich verlangen unterschiedliche Bootstypen unterschiedliche Pflege, aber diese Basics gelten eigentlich immer ...

»PFLEGELEICHT« BEDEUTET NICHT ÜBERHAUPT KEINE PFLEGE ... Obwohl die meisten GfK- oder Kunststoffjollen überaus unempfindlich und robust sind – Salzwasser, Sand und Dreck sind nicht gut. Versuche dein Boot stets sauber und trocken zu halten.

Wenn du in Salzwasser gesegelt bist, spritz dein Boot hinterher mit Süßwasser ab. Achte auf den Schwertkasten! Dort setzen sich gerne Dreck, Modder und Algen ab, wenn du das Boot auf den Strand ziehst.

Überprüfe regelmäßig das Zubehör – gerissene Ausreitgurte beispielsweise können dich schnell ins Wasser befördern!

Sämtliches Tauwerk muss regelmäßig und gründlich auf Scheuerstellen und Ähnliches überprüft werden. Gleiches gilt für Beschläge, Blöcke und das Ruder.

ZUM ENDE DER SAISON ...

Wenn es ans Einwintern geht, nimm sämtliches Zubehör mit zu dir nach Hause. Am besten ist es, die Leinen und Blöcke zu beschriften, bevor du sie trocken und warm verstaust.

Solltest du eine Persenning für dein Boot haben, benutze sie! Wenn nicht, dreh die Jolle auf ihrem Trailer oder Gestell um, sodass sie sich über den Winter nicht mit Blättern oder Schmutz füllen kann.

Wenn es deine Eltern erlauben, weich die Segel in warmem Seifenwasser ein – am besten geht das in der Badewanne ...

Das Tauwerk kann in die Waschmaschine – aber nimm vorher alle Blöcke und Schäkel ab!

Zum Schluss lagere alles an einem trockenen, gut durchlüfteten Platz.

ZUM BEGINN DER SAISON ...

Wenn du alle Teile des Riggs und alle Beschläge beim Einwintern beschriftet hast, dürftest du nun keine Problem damit haben, alles wieder an seinen richtigen Platz zu bringen. Überprüfe beim Aufriggen nochmals alle Teile und alle Leinen!

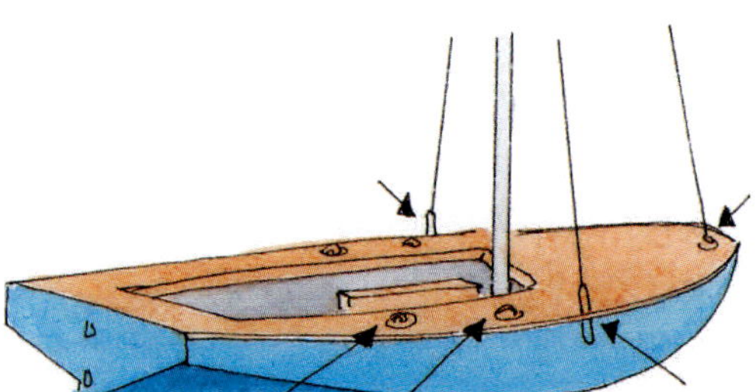

Überprüfe auch dein Boot sorgfältig – Beschläge dürfen sich nicht vom Dick gelöst haben, und auch die Befestigung der Wanten ist extrem genau zu Kontrollieren.

Wenn du eine Holzjolle besitzt, so muss der Lack mit Sandpapier angeschliffen werden und mindestens eine neue Schicht Lack erhalten. Diese Arbeiten müssen sehr sorgfältig ausgeführt werden – rohes Holz wird rotten, sobald es mit Wasser in Berührung kommt. Schleifen und Lacken ist keine lästige Pflicht, sondern macht richtig Spaß – und du kannst dich auf den nächsten sonnigen Segeltag in deinem schönen Boot freuen!

FÜR FORTGE-SCHRITTENE

Kapitel 8

Beim Segeln hört man eigentlich auch auf dem Heimatrevier nie auf zu lernen, aber wenn man schon recht gut ist, möchte man vielleicht auch mal hinter den Horizont schauen und Neues kennenlernen. Möchtest du schneller segeln? Oder längere Strecken? Oder gar beides? In diesem Kapitel wollen wir ein bisschen Lust auf mehr machen.

SCHNELLER SEGELN. Um vor dem Wind schneller zu segeln, gibt es besondere Segel, zum Beispiel den Spinnaker. Konventionelle Spinnaker sind kompliziert zu bedienen, aber inzwischen gibt es auch asymmetrische Segel, die letztendlich wie eine riesengroße Fock geschnitten sind, um jede Menge Wind einzufangen. Der asymmetrische Spinnaker, auch Gennaker genannt, wird auf Halbwind- bis Raumschotkursen gefahren. Je weiter du abfällst, umso mehr bremst er dich. Das Diagramm zeigt dir, wie das Segel im Verhältnis zum Wind gefahren werden sollte.

GENNAKER

Am stärksten bei Halbwindkursen. Wenn dein Boot zu schnell wird, fall ein bisschen ab, das nimmt Geschwindigkeit heraus.

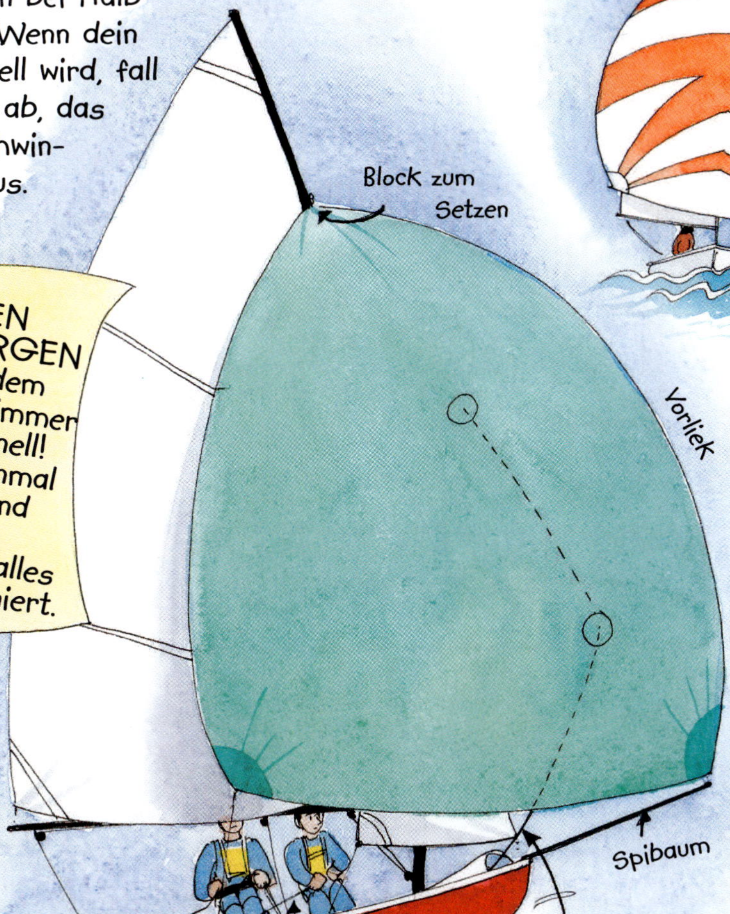

SETZEN UND BERGEN

Immer vor dem Wind – und immer möglichst schnell! Am besten einmal vorher an Land üben, um zu sehen, ob alles funktioniert.

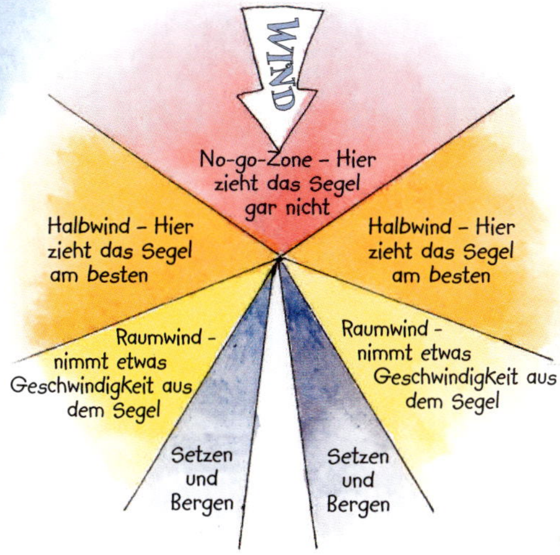

TRIMM

Halte die Schot lose, bis das Vorliek sich komplett entfaltet hat, dann hol dicht, während das Segel sich mit Wind füllt. Vorsicht, das Segel nicht zu dicht fahren!

HALSEN MIT EINEM GENNAKER

① Gehe mit einer sanften Kurve in die Halse. Die Crew sucht schon mal die Leeschot.

② »Rund achtern!« Setzt euch auf die neue Luvseite. Die Crew hält die bisherige Schot weiter fest und das Segel damit »back«. Der Gennaker schlägt zunächst gegen die Fock, bis die alte Schot losgegeben wird und das Segel mit der neuen (Lee-)Schot an der Fock vorbei dichtgeholt wird.

③ Schoten trimmen, das Boot ausbalancieren und los geht's!

REGATTEN. Jollenregatten gibt es in jedweder Form: Von Vereinsregatten bis hin zu nationalen oder gar Weltmeisterschaften. Vereinsregatten sind der beste Einstieg und die Möglichkeit, mit den Feinheiten des Trimms vertraut zu werden. Hilfreich kann auch sein, zunächst als Vorschoter bei jemandem in die Lehre zu gehen.

SEGELANWEISUNG

Lies dir die Segelanweisung gründlich durch, bevor du aufs Wasser gehst – sie mögen kompliziert aussehen, beinhalten aber alle wichtigen Details wie den zu segelnden Kurs, die Startzeit und wo die Start- und Ziellinie liegen. Wenn du etwas nicht verstehst: Frag einfach!

DER KURS

Der zu segelnde Kurs kann eigentlich jede Form und Länge haben, deshalb wird er mit gelben Bojen markiert, wobei dir genau gesagt wird, auf welcher Seite du sie runden musst – und wie oft!

Start- und Ziellinie können identisch sein, meist zwischen der Startboje und dem Regattabegleitboot. Vom Regattabegleitboot werden auch die Schall- oder Flaggensignale für den Start und den Zieleinlauf gegeben.

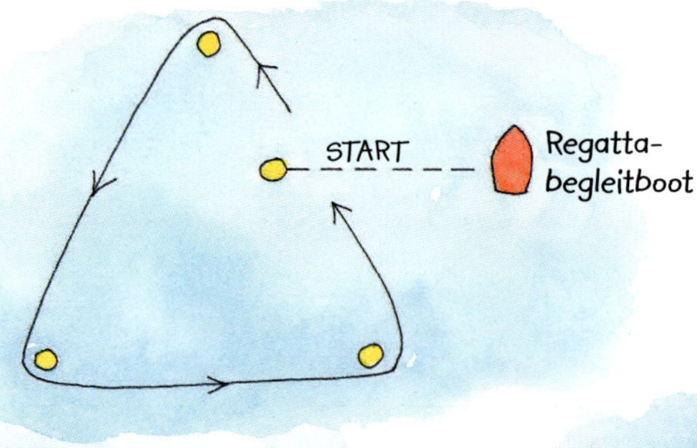

DER START

Von der Regattaleitung kommt das Signal (Flaggen- oder Schallsignale) für den Start und auch für die Vorbereitung zum Start. Normalerweise ertönen die Signale in folgener Reihenfolge:

... noch 5 Minuten bis zum Start
... noch 4 Minuten
... noch 1 Minute
... START!

Man muss versuchen, die Startlinie möglichst zeitgleich mit dem Startsignal zu queren – natürlich in der richtigen Richtung! Man braucht schon ein bisschen Erfahrung, um abzuschätzen, auf welchem Kurs und wie schnell man an der Linie entlangsegelt, um einen guten Start hinzulegen.

Wird die Linie VOR dem Start gequert, muss man entweder eine Strafrunde drehen oder der Start wird wiederholt oder man ist disqualifiziert.

ACHTUNG!
Eine gute, wasserdichte Armbanduhr hilft dir, die Startzeit perfekt zu bestimmen.

REGATTAREGELN

Neben den normalen Verkehrsregeln auf dem Wasser gibt es spezielle Regattaregeln, damit es auf dem Wasser fair und gerecht zugeht. Jeder sollte wissen, wie er sich zu verhalten hat, sodass alle den Regattakurs gut absolvieren können. Natürlich musst du nicht sofort alle Regeln auswendig lernen, aber die Grundlagen (siehe Kapitel 6) solltest du schon kennen.

HALTE GENUG ABSTAND, wenn du ausweichpflichtig bist. VERMEIDE KOLLISIONEN, HALTE EINEN KLAREN KURS und GIB RAUM bei Manövern oder an der Wendeboje.

LERNE IMMER DAZU

Wenn jemand im gleichen Bootstyp wie du auf demselben Kurs dir einfach davonsegelt, frag dich, warum das so ist.

Liegt es am Segeltrimm? Am Schwerttrimm? Am Bootstrimm? Oder ist dein Gegner einfach konzentrierter bei der Sache und beim Wind?

DIE GEMEINSCHAFT

Egal ob bei Vereins- oder nationalen Regatten, ein nettes Zusammensitzen nach dem Race gehört in der Regel dazu.

HANDICAP

Das Handicap (Zeitabzug) wird größeren und schnelleren Booten auferlegt, sodass Boote verschiedenen Typs gegeneinander segeln können.

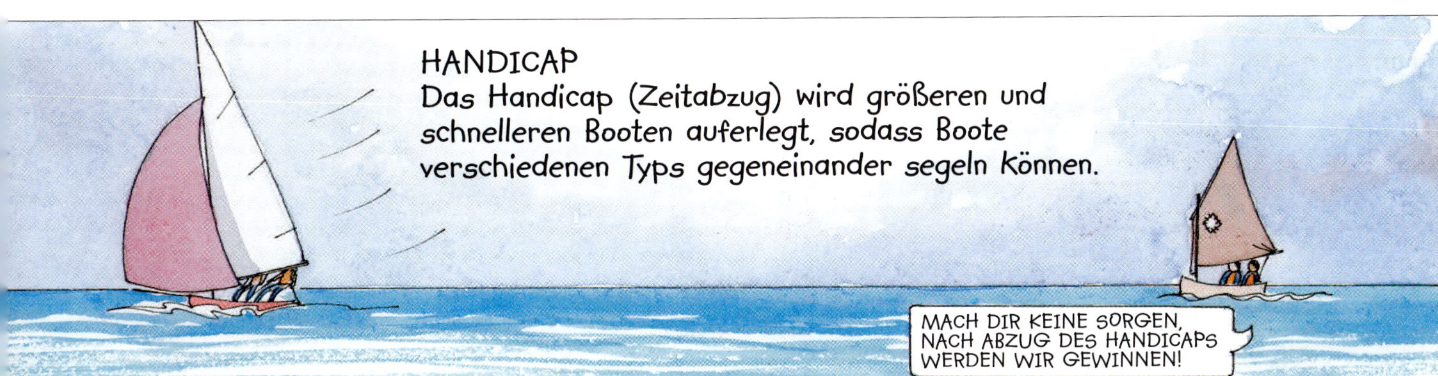

Kapitel 8

AUF ENTDECKUNGSFAHRT GEHEN. Mit einem Segelboot kann man prima die Gegend erkunden. Um zu wissen, wo du bist und wo sich beispielsweise ein möglicher Ankerplatz befindet, brauchst du eine Seekarte.

SEEKARTEN sind klasse, weil sie alle für einen Segler notwendigen Informationen enthalten, so zum Beispiel die Wassertiefe oder wo die Tonnen liegen. In den Karten werden Abkürzungen und Zeichen verwendet. Einige davon solltest du kennen.

Die LÄNGENGRADE verlaufen von Pol zu Pol, gerade so wie eine angeritzte Orange, die geschält werden soll.

WAS BEDEUTEN DIE VERSCHIEDENEN ZAHLEN?

Da gibt es zunächst die Tiefenangaben, die dir sagen, wie tief das Wasser an dieser Stelle ist.

In Tidengewässern beziehen sich die Tiefenangaben auf „Normal Null", das niedrigste Niedrigwasser.
So liest du die Karte richtig:

4_1 bedeutet, dass eigentlich immer (also auch bei Ebbe) mindestens 4,1 Meter Wassertiefe herrscht.

$\underline{3}_2$ Tiefenangaben, die unterstrichen sind, bedeuten, dass sie über Normal Null liegen, bei Niedrigwasser also aus dem Wasser gucken, bei Flut aber durchaus mit Wasser bedeckt sein können.

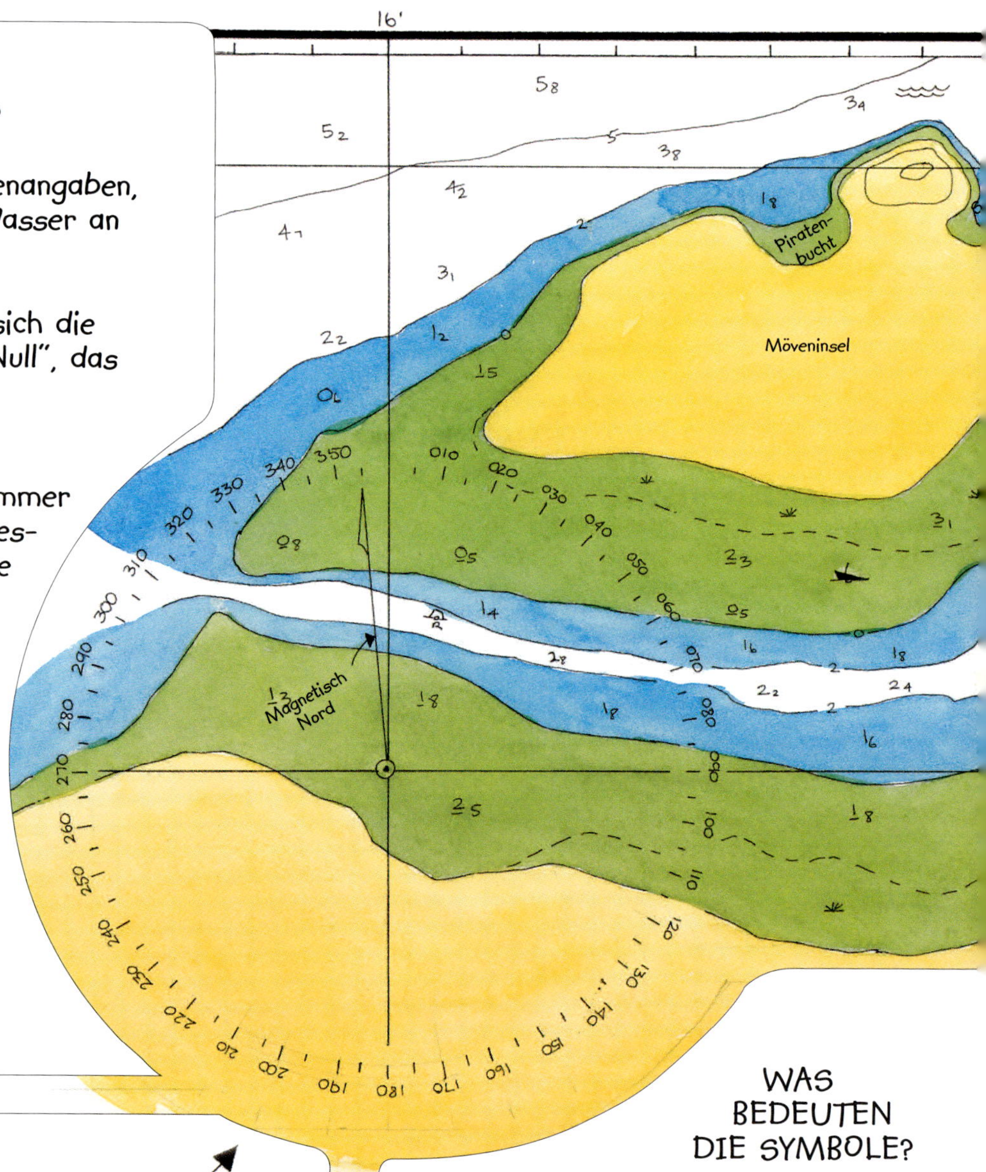

WOZU DER KOMPASS?

Die auf jeder Karte eingezeichnete Kompassrose ist in Gradzahlen eingeteilt, wie ein Kreis. Norden ist 0°, Osten 90°, Süden 180° und Westen 270°.

Wenn du auf deinem Schiff einen Kompass benutzt, kannst du mithilfe der Kompassrose auf der Seekarte sehen, inwieweit dein magnetischer Kompass vom Kartenkompass abweicht. In diesem Fall würde dein Kompass Nord anzeigen, tatsächlich würdest du aber nicht Kurs 0° (oder 360°) fahren, sondern 355°.

WAS BEDEUTEN DIE SYMBOLE?

- Ankerplatz
- Gebäude
- Slipbahn
- Richtfeuer
- Wrack
- Kirchturm

WAS BEDEUTEN DIE FARBEN? Die Karte zeigt die Konturen der Küste. Je nach Tiefe des Wassers variiert die Farbe, ebenso in Wattgebieten, wo ganze Gebiete trocken fallen können. Die deutsche Seekarte DI enthält übrigens alle Erklärungen für Farben, Symbole und Abkürzungen.

Angezeigt werden sie in der Skala oben und unten auf der Karte, eingeteilt in Grad und Minuten.

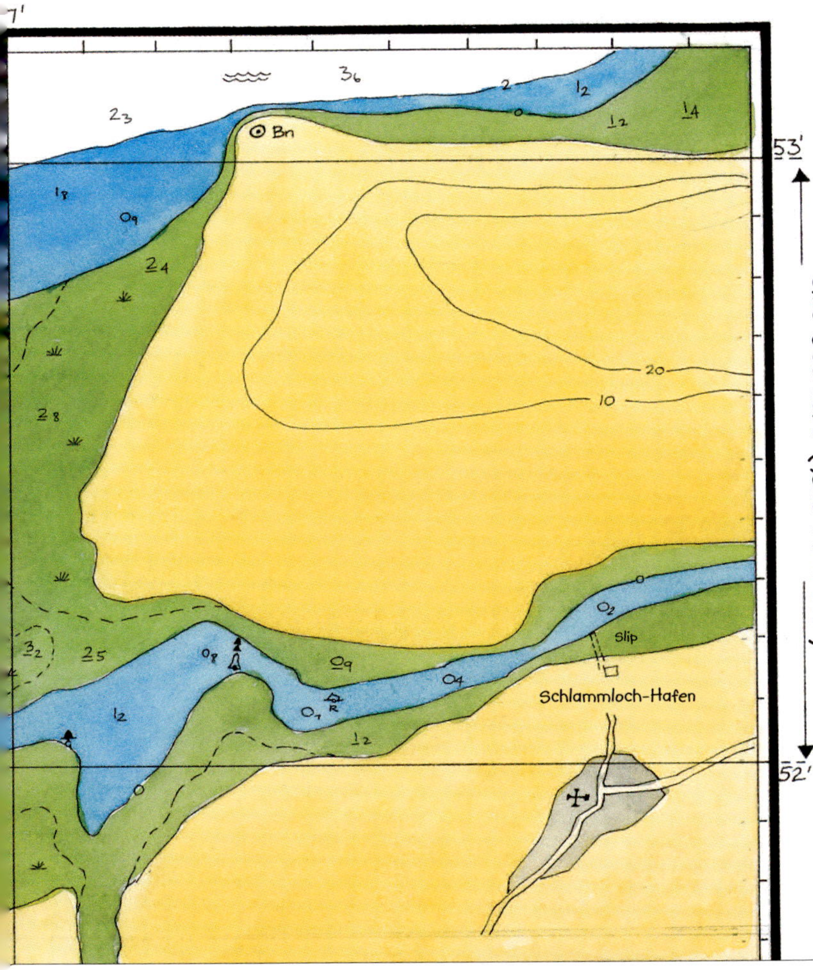

WIE MESSE ICH DISTANZEN?

Zum Messen von Entfernungen benötigt man die Breitengrade, die parallel zueinander rund um den Globus verlaufen. Der bekannteste Breitengrad ist der Äquator, der um die Mitte des Globus verläuft (0°).

Der Nordpol liegt auf 90° N(ord), der Südpol auf 90° S(üd). Ein Breitengrad hat 60 Minuten – und eine Minute ist genau 1 Seemeile lang, also 1,853 Kilometer. Die Geschwindigkeit auf See misst man übrigens in Knoten.
1 Knoten = 1 Seemeile pro Stunde.

Wenn du eine Entfernung bestimmen willst, musst du immer die Skala am Kartenrand zu Hilfe nehmen, die die Breitengrade anzeigt, und niemals die Skalen oben und unten, die die Längengrade ausweisen.

WOFÜR DIE VERSCHIEDENEN TONNEN?

Die Kardinalzeichen warnen vor Hindernissen im Wasser, beispielsweise einem Riff, einer Untiefe oder einem Wrack.

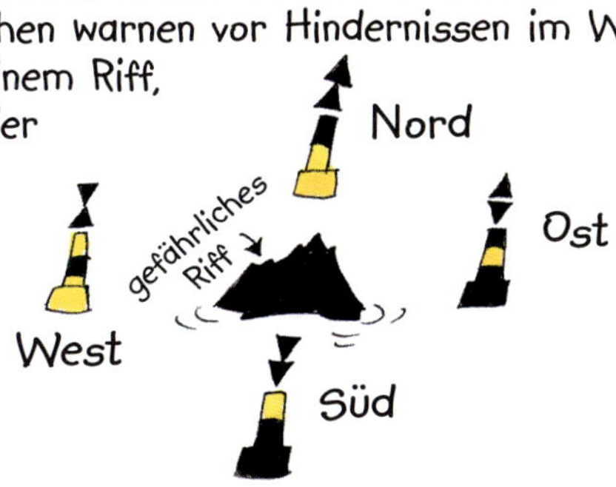

Kardinalzeichen sind so in der Karte eingezeichnet. Die Buchstaben SG stehen für Schwarz und Gelb, denn in diesen Farben sind die Tonnen auch auf dem Wasser zu sehen. Rote Tonnen kennzeichnen die linke Fahrwasserseite, grüne Tonnen kennzeichnen die rechte Fahrwasserseite, wenn man von See her kommt.

Kapitel 8

LASS UNS SEGELN! Wann immer du auf dem Wasser unterwegs sein wirst, wirst du etwas Neues dazulernen. Je schneller dir Seebeine wachsen, desto besser wirst du segeln: sicherer, schneller und weiter.

Für Fortgeschrittene

Ob du davon träumst, im Opti Weltmeister zu werden, die großen Regatten mitzusegeln, die Welt zu umrunden oder gemütlich mit deinem Bötchen den nahen Fluss zu erkunden – beim Segeln ist eigentlich alles möglich. Komm an Bord!

Ellen MacArthur gewann in ihrem superschnellen Trimaran den Geschwindigkeitsrekord beim Einhandrennen um die Welt

Ein hochseetauglicher Segler

Ein hundert Jahre alter Gaffelschoner – auch diese Schiffe segeln heute noch, manche sogar Regatten

Kleine Kielboote wie dieses werden häufig bei Vereinsregatten gesegelt

GLOSSAR – Was die Wörter bedeuten

Abfallen	vom Wind wegsteuern
Achtern	hinter dem Boot
Am-Wind-Kurs	segeln mit dem Wind schräg von vorn
Anluven	zum Wind hinsteuern
Aufschießer	das Boot abstoppen, indem man es mit losen Schoten direkt in den Wind dreht
Ausreitgurt	Gurt, unter den man die Füße klemmen kann, um sich selbst möglichst weit nach außen lehnen zu können, damit das Boot aufrecht und damit schnell segelt
Back	»Back halten« bedeutet, die Fock in oder nach einer Wende nicht auf die richtige Seite zu holen, sie steht in Luv
Backbord	linke Seite, wenn man vom Boot aus nach vorne schaut
Baum	waagerechte Spiere, die das Großsegel nach unten hält
Beaufortskala	Tabelle zur Einstufung der Windstärke und Wellenhöhe. Reicht von 1 (nahezu windstill) bis 12 (Orkan)
Block	in Flaschenzug, um beispielsweise das Segel leichter zu setzen
Breitengrad	vorgestellte Linien, die die Weltkugel parallel von Ost nach West umfassen
Bug	vorderes Ende des Bootes

Crew	jeder an Bord eines Bootes – außer dem Kapitän, versteht sich
Dichtholen	das Segel in Richtung Bootsmitte ziehen, bis es nicht mehr flattert, sondern schön fest steht
Durchkentern	das Boot komplett umkippen, sodass der Mast zum Grund zeigt
Ebbe	abfließend Wasser
Fall	Leine, mit der das Segel gesetzt und geborgen werden kann
Festmacher	Leine, mit der das Boot an Land oder an einer Boje befestigt wird
Fieren	eine Leine, zum Beispiel Fall, Schot, Festmacher, vorsichtig locker lassen
Flut	auflaufend Wasser
Fock	Vorsegel
Gennaker	leichtes, asymmetrisch geschnittenes, riesengroßes Vorsegel
Gezeiten	Ebbe und Flut
Großsegel	Hauptsegel, wird am Mast gefahren

Halbwind-Kurs	Segeln mit dem Wind genau von der Seite
Hals	vordere untere Ecke des Segels
Halsen	das Heck durch den Wind drehen
Heck	hinteres Ende des Bootes
Hoch am Wind segeln	so weit wie möglich in die Richtung steuern, aus der der Wind kommt
Katamaran	Boot mit zwei Rümpfen
Kentern	das Boot umkippen
Klampe	Befestigungsmöglichkeit für Taue, beispielsweise Schoten, Fallen oder Festmacher
Knoten	(1) macht man in eine Leine, oder (2) Maß für die Geschwindigkeit (Seemeilen pro Stunde)
Kompass	wichtig zur Bestimmung des Kurses; die Kompassnadel weist immer nach Norden
Kopf	obere Spitze des Segels
Kreuzen	im Zickzack gegen den Wind ansegeln
Kurs	Weg durchs Wasser
Längengrad	vorgestellte Linien, die die Weltkugel vom Nordpol zum Südpol umfassen (wie eine zum Schälen eingeritzte Orange)
Lee	nach dieser Seite weht der Wind

Liek	seitlicher Rand des Segels
Luv	von dieser Seite weht der Wind
Mast	senkrechte Spiere, an der die Segel gesetzt werden
Meteorologie	Lehre vom Wetter. Meteorologen bemühen sich Tag für Tag, uns das Wetter vorherzusagen
Pinne	ist am Ruder befestigt, damit steuert man das Boot
Raumschotkurs	segeln mit dem Wind leicht von hinten
Reffen	die Segelfläche verkleinern
Regatta	Wettfahrt auf dem Wasser
Rettungsweste	hilft einer Person im Wasser, indem sie sie immer auf den Rücken dreht, sodass das Gesicht aus dem Wasser schaut
Ruder	damit hält man das Boot auf Kurs

Schot	Leine, mit der das Segel geführt wird
Schothorn	Loch für die Schot am hinteren, unteren Ende des Segels
Schwert	wird unter dem Boot gefahren, um das seitliche Abtreiben zu verhindern. Kann aufgeholt und abgesenkt werden
Schwimmhilfe	sieht aus wie eine kleinere Rettungsweste, ist aber nicht so sicher; nur für Leute geeignet, die selbst schwimmen können!
Spinnaker	leichtes, symmetrisch geschnittenes, riesengroßes Vorsegel
Stags	Drähte, die den Mast nach vorne und hinten abspannen und halten
Steuerbord	rechte Seite, wenn man vom Boot aus nach vorne schaut
Steuermann	derjenige, der das Boot steuert

Tonne	schwimmendes Objekt, das mit einer Kette am Meeresgrund befestigt ist – als Wegweiser, Warnhinweis oder zum Festmachen ausgelegt
Trimaran	Boot mit drei Rümpfen
Trimmen	das Boot möglichst gerade und aufrecht halten
Trockenanzug	Anzug aus Neopren, der die Körperwärme hält – bei nass segelnden Booten zu empfehlen

/erklicker	kleines Fähnchen oben im Mast, das die Windrichtung anzeigt
/orwind-Kurs	segeln mit dem Wind genau von hinten
Nanten	Drähte, die den Mast zur Seite abspannen und halten
Nenden	den Bug durch den Wind drehen

Interessante Internetseiten

Deutscher Segler-Verband	www.dsv.org

Klassenvereinigungen:

Fast jede Klasse hat eine eigene Vereinigung. Die jeweilige Internetadresse wirst du am ehesten über eine Suchmaschine herausfinden. Der DSV hilft ebenfalls gerne weiter.

Hier eine Liste der gängigsten Klassen

Optimist	www.optimist-segeln.de
Laser	www.laserklasse.de
Teeny	www.teeny-kv.de
H-Boot	www.segel.de/h-boot
Pirat	www.piraten-kv.de

Wenn du am Segeln auf großen Schiffen interessiert bist:	www.tallship-fan.de
	www.sta-g.de Die Sail Training Association Germany ist eine Organisation, die das traditionelle Segeln auf Großseglern fördert.